中央高校基本科研业务费专项资金
"中央戏剧学院优秀科研成果出版资助计划"资助

U0369641

唯物史观视野下的
意识形态传播结构研究

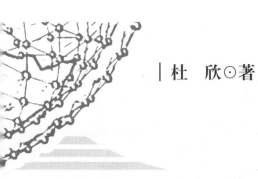

│ 杜　欣⊙著

清华大学出版社
北京

内 容 简 介

《唯物史观视野下的意识形态传播结构研究》主要讨论"意识形态传播结构"这一新兴论题，关注意识形态在现代社会中的典型存在形态，聚焦意识形态传播中观层面的经济、政治、技术三个结构性维度及其互动关系。这种互动关系既是意识形态传播过程的动态化结果，也是意识形态在传播中生成的自身内在结构。在此基础上，以"传播的意识形态"为理论基点，以当代中国意识形态传播为分析对象，归纳其面临的传播困境，并提出相应的改善建议。

图书在版编目（CIP）数据

唯物史观视野下的意识形态传播结构研究 / 杜欣著 . 北京：清华大学出版社，
2024.10. --（清华汇智文库）. -- ISBN 978-7-302-67204-3

Ⅰ . G206

中国国家版本馆 CIP 数据核字第 2024MH9479 号

责任编辑：徐永杰
封面设计：汉风唐韵
责任校对：王荣静
责任印制：刘　菲

出版发行：清华大学出版社
　　　　　网　　　址：https://www.tup.com.cn, https://www.wqxuetang.com
　　　　　地　　　址：北京清华大学学研大厦 A 座　　　邮　　编：100084
　　　　　社 总 机：010-83470000　　　　　　　　　邮　　购：010-62786544
　　　　　投稿与读者服务：010-62776969, c-service@tup.tsinghua.edu.cn
　　　　　质量反馈：010-62772015, zhiliang@tup.tsinghua.edu.cn
印 装 者：天津鑫丰华印务有限公司
经　　销：全国新华书店
开　　本：170mm×230mm　　　印　张：10　　　字　数：131 千字
版　　次：2024 年 10 月第 1 版　　　印　次：2024 年 10 月第 1 次印刷
定　　价：128.00 元

产品编号：105398-01

当今世界正处在百年未有之大变局时期，世界范围内政治、经济、文化和社会等领域也面临诸多危机和挑战。互联网革命加速演进的同时，意识形态也被吸纳到这一宏大叙事之中，它在现代社会结构中的功能和作用的变化越来越吸引着人们的注意。当我们深入其中时，不可避免地要思考现代意识形态的存在形态，从而把握、认识和反思意识形态领域发生的革命性变化。唯物史观不仅揭示了人类社会发展的一般规律，也为我们研究意识形态及其传播提供了科学的方法论视角。

本书以唯物史观为研究视角和方法，将意识形态置于马克思主义传播理论的维度来予以把握。作为上层建筑的意识形态，只有在传播中才能转化为具体的符号、话语和信息，只有在传播中才能发挥其引领、说服、塑造和动员等功能，否则只能是空中楼阁，无法发挥其应有效用。在此意义上，意识形态就是传播中的意识形态，意识形态结构就是意识形态传播结构。意识形态自身的传播结构并不是既定的或必然的，而是在社会关系再生产过程中逐步形成的，这种传播结构和整个社会的结构性特征相互联系。意识形态在传播中形成了自身的独特结构，即由作为转换技术的媒介、作为转换资源的资本、作为转换能力的权力共同组成的具有内在关联的结构，此为基于传播的意识形态问题的中观视角。本书正是以此勾勒出现代时空环境中的意识形态变动。

本书分为 7 章。第 1 章为导论，主要包括研究的背景和意义，国内外研究现状与评述，研究的基本思路、主要方法及创新之处；

第 2 章为唯物史观、意识形态与分析框架，主要论述作为分析视角的唯物史观、历史流变中的意识形态和分析框架；第 3~5 章分别从技术、经济和政治的维度考察意识形态传播中媒介、资本和权力三要素的表征，并对在这三要素制约下的传播活动进行分类研究；第 6 章为意识形态传播结构的现实观照，以当代中国意识形态传播为分析对象，归纳其面临的传播困境，提出相应的改善建议；第 7 章为结论。

同马克思主义意识形态研究的其他问题和领域相比，意识形态传播结构还有待深入考察和分析，尤其是当代中国意识形态传播在实践层面上遇到的新情况、新问题。希冀本书的出版能够在此问题上有所贡献，如有不当或疏漏之处，恳请读者批评指正。

2024 年 3 月 10 日

C目录
ontents

第 1 章
导　论

1.1　研究的背景和意义

　　意识形态研究不仅是一个理论问题，更是一个现实问题。当前，我国正向着全面建成社会主义现代化强国的第二个百年奋斗目标迈进，随着各项改革举措的不断推进，经济、政治、文化和社会等各个领域都发生着深刻变革。如何能够在全面深化改革进入攻坚期和深水区的关键节点上继续稳步推进社会各项事业的发展，始终把握马克思主义意识形态的领导权和话语权，对于执政党来说至关重要。习近平总书记指出："意识形态工作是党的一项极端重要的工作。面对改革发展稳定复杂局面和社会思想意识多元多样、媒体格局深刻变化，在集中精力进行经济建设的同时，一刻也不能放松和削弱意识形态工作，必须把意识形态工作的领导权、管理权、话语权牢牢掌握在手中，任何时候都不能旁落，否则就要犯无可挽回的历史性错误。"① 应当说，深化对意识形态工作的认识，不仅要直面遇到的问题和挑战，还要在实践基础上不断地推动理论工作的创新。

具体来看，意识形态工作主要呈现为三个维度，即意识形态建设、意识形态安全、意识形态传播。意识形态建设是国家战略的重要组成部分，它为建设和发展中国特色社会主义提供了基本的价值遵循和共同的思想基础；意识形态安全是巩固国家政权和维护社会秩序的重要保证，它作为政治安全的核心部分与经济安全、社会安全、生态安全等共同构成了国家安全；意识形态传播是意识形态动态化的体现，它作为意识形态从观念化到形态化的重要前提，维系着意识形态各项功能的正常运转。其中，意识形态传播是连接意识形态建设和意识形态安全的桥梁，只有意识形态得以科学有效的传播，意识形态建设的成果才能真正转化为意识形态安全的效果。

尤其进入新媒体时代，各种社会思潮、价值观念、思想意识风起云涌，马克思主义意识形态的主导地位受到了一定程度的冲击，传统的意识形态传播方式难以让受众获得心理上的共鸣，提高舆论宣传水平势在必行。不容忽视的是，在社会主义条件下，市场经济因素的介入对整个社会结构的变迁产生了深刻影响，生产、交换、分配与消费环节都相继出现了革命性变化，意识形态传播领域自然也呈现出不同的面貌。我们在解读这一现象时，不可避免地要深入客观的物质生活中去，通过把握社会客观规律，来认识意识形态传播领域发生的变化。马克思（Karl Marx）、恩格斯（Friedrich Engels）创立的唯物史观不仅揭示了人类社会发展规律，也为我们研究意识形态的传播结构提供了科学的方法论视角。马克思认为："人们在自己生活的社会生产中发生一定的、必然的、不以他们的意志为转移的关系，即同他们的物质生产力的一定发展阶段相适合的

---

① 习近平. 论党的宣传思想工作 [M]. 北京：中央文献出版社，2020：21.

生产关系。这些生产关系的总和构成社会的经济结构，即有法律的和政治的上层建筑竖立其上并有一定的社会意识形式与之相适应的现实基础。物质生活的生产方式制约着整个社会生活、政治生活和精神生活的过程。不是人们的意识决定人们的存在，相反，是人们的社会存在决定人们的意识。"[①] 也就是说，社会生产与再生产活动不仅直接制约着与之相适应的生产关系，它们还是构成整个社会的经济结构、法律和政治结构、意识形态结构的决定性条件；同时，整个社会结构的层次性分化是有条件的、有规律的、有逻辑的，上层建筑的意识形态是构成整个社会结构的重要组成部分，其具有独特的传播结构与存在形式。

　　因此，研究意识形态传播结构必须深入整个社会生产关系的宏观背景中去，将意识形态传播研究与具体的技术结构、经济结构、政治结构结合起来，通过对意识形态传播结构的分析来阐明意识形态在传播过程中的传播主体、传播内容、传播渠道、传播受众和传播效果，并揭示意识形态传播的实质。

1.2　国内外研究现状与评述

1.2.1　关于意识形态的研究

1. 意识形态概念的起源

　　目前，学界对意识形态概念的起源主要持三种观点：第一种

[①] 中共中央马克思恩格斯列宁斯大林著作编译局. 马克思恩格斯选集：第二卷 [M]. 北京：人民出版社，2012：2.

观点认为，法国思想家特拉西（Antoine Destutt Tracy）在其著作《意识形态的要素》中首先提出"意识形态"的概念，主要是指"理念的科学"或"观念学"，用以阐释流行于社会中的各种观念与偏见的"观念科学"；第二种观点认为，意识形态概念的雏形古已有之，如培根（Francis Bacon）的"四假象说"、柏拉图（Plato）的"洞穴隐喻"都可以被认为是对意识形态及其相关理论的研究；第三种观点认为，意识形态概念是在欧洲进入现代社会以后才开始使用的学术名词，其概念史的开端不早于18世纪。我们认为，培根的"四假象说"是"意识形态"概念的先导，其后洛克（John Locke）的《人类理解论》、孔狄亚克（Etienne Bonnot de Condillac）的《感觉论》、爱尔维修（Claude Adrien Helvétius）的《论精神》、霍尔巴赫（Paul Heinrich Dietrich）的《自然体系》等著作中也都涉及对各种纷繁观念与偏见的批判，这也为后来"意识形态"概念的诞生提供了理论前提，并由法国学者特拉西首先在出版物中使用。

2. 对意识形态的理解与认识

从历时的角度看，对意识形态的理解和认识是不断发展的。

（1）特拉西创制"意识形态"的初衷是建立一种"观念学"，意识形态是"观念的科学"的代名词，是肯定性概念，后来由于拿破仑（Napoléon Bonaparte）将观念学者们视作国家秩序的破坏者，遂赋予其否定意义，进而出现其概念史上的第一次意义转向。

（2）黑格尔（Georg wilhelm Friedrich Hegel）、费尔巴哈（Ludwig Andreas Feuerbach）、马克思、恩格斯都把意识形态理解为一个否定性概念，即使马克思没有直接对意识形态作出概念上的界定，但从经典文本中还是可以读出他对意识形态的理解持有的否定意味。一般认为，马克思至少表达了三种意义上的意识形态观点：第一，认为意识形态是一种"虚假意识"或"虚幻观念"，它不是从客观实践中出发，而是从人头脑中的观念出发，企图在遮蔽现实世界的同时，用观念去统治世界，可以说是一种颠倒社会存在和社会意识的思想观念或活动；第二，意识形态是一种统治思想，代表着一定的阶级利益，它是统治阶级为维护自身合法性，通过控制人们的思想活动，来最终达到其统治目的；第三，意识形态是产生意义和形成思想的普遍过程①。

（3）列宁（Vladimir Ilyich Lenin）不谈意识形态的"虚假性"，而是采用了更加中性的意识形态概念，来描述社会主义和共产主义意识形态，并提出意识形态是阶级性和科学性的统一②。意识形态概念由此也出现了第二次意义转向，即从一个充满否定性、虚假性、观念性的概念转入中性化发展道路。

（4）在后马克思时代，随着西方马克思主义对意识形态问题的关注，西方马克思主义也在意识形态领域提出了不同的构想与再造。如卢卡奇（György Lukács）以"物化"作为突破口形成了"物化意识"的意识形态理论，葛兰西（Antonio Francesco Gramsci）的意识形态文化霸权理论，曼海姆（Karl Mannheim）让"特定的意识形态"脱敏并发展成为一种"知识社会学"，法兰克福学派以文化工业、技术理性、技术统治为研究主题形成了批判的意识形态理论，伊格尔顿的美学意识形态等。

3. 意识形态研究的主要问题

从国外来看，学者们的研究主要集中于以下几个方面。

（1）围绕意识形态本身的概念、功能、形态等内在特性对其进行分类讨论。如雷蒙德·盖斯（Raymond Geuss）把意识形态划归为描述性意义、积极性意义和批判性意义三种类型③。伊格尔顿（Terry Eagleton）将意识形态归为六种：一个社会的信仰和价值；特定集团或者阶级的"世界观"；一个集团从其他集团谋取

---

① 王晓升，等. 西方马克思主义意识形态理论 [M]. 北京：社会科学文献出版社，2009：275.
② 俞吾金. 意识形态论 [M]. 修订版. 北京：人民出版社，2009：203-213.
③ 王晓升，等. 西方马克思主义意识形态理论 [M]. 北京：社会科学文献出版社，2009：188-201.

利益的合法化工具；把人民统一在一个强权下的方法；提升统治集团的欺骗性话语；由社会自身滋生出来的虚假性或者欺骗性的信仰①。列宁对两大意识形态——资产阶级意识形态和社会主义意识形态，进行了科学划分②。曼海姆从知识社会学的角度对"特殊的意识形态概念"与"总体的意识形态概念"做了区分。詹姆逊（Fredric Jameson）把马克思主义产生以来人们对意识形态的不同认识进行了分类整理，划出了七种模式：意识形态是有局限性的意识、意识形态概念是一种"关于社会阶级的理论"或"阶级合法化"、意识形态是物化意识、日常生活的意识形态、阿尔都塞（Louis Pierre Althusser）的意识形态国家机器理论、支配权的意识形态、语言异化意义上的意识形态③。

（2）围绕意识形态与经济政治活动展开讨论。葛兰西通过对资本主义社会特性的剖析认为，资产阶级主要通过文化领导权获得对被统治阶级的精神控制，用虚幻的自由平等观念掩盖经济的不平等，为资产阶级的剥削与压迫进行辩护，正是因为意识形态的政治实践功能，让意识形态斗争表现为权力斗争，葛兰西则把这种权力斗争称为争取文化领导权的斗争。唯有无产阶级在意识形态上获得领导权，才能最终夺取政权。阿普特（David E. Apter）在其著作《现代化的政治》中以民族主义、社会主义和科学为例，从政治政策的制定和效果分析的角度探讨了治理与政治宗教、意识形态之间的关系，指出意识形态有助于在社会中建立团结，有助于个人确立认同④。自雷蒙•阿隆（Raymond Aron）发表《意识形态的终结》一文后，围绕意识形态是否终结，学界展开了旷日持久的争论，其中又

---

① 王晓升，等. 西方马克思主义意识形态理论 [M]. 北京：社会科学文献出版社，2009：305.
② 中共中央马克思恩格斯列宁斯大林著作编译局. 列宁选集：第1卷 [M]. 北京：人民出版社，2012：326.
③ 王晓升，等. 西方马克思主义意识形态理论 [M]. 北京：社会科学文献出版社，2009：330-340.
④ 戴维•E. 阿普特. 现代化的政治 [M]. 陈尧，译. 上海：上海世纪出版集团，2011：234-256.

以弗朗西斯·福山（Francis Fukuyama）、塞缪尔·亨廷顿（Samuel P.Huntington）两人最为出名。福山在其著作《历史的终结和最后的人类》中将自由民主制称为"人类意识形态发展的终点"，而亨廷顿则认为随着冷战的结束，意识形态的冲突终将让位于文明的冲突。直至现在，有关意识形态是否已经终结的争论还在持续。

（3）围绕意识形态与科技文化活动展开讨论。"文化工业"概念首先由霍克海默（Max Horkheimer）与阿多诺（Theodor Wiesengrund Adorno）在《启蒙时期辩证法》中共同提出，他们认为文化工业时代事实上是商品工业时代。一方面，文化被当作产品按照同质化的标准被生产出来，其内在的价值由作为商品的交换价值所决定，其内在的精神价值与艺术价值不再是价值决定的主要因素，文化成为被贴着"文化"标签的纯粹消费品；另一方面，"文化工业"时代的人们不再是具有批判精神的人，而是机器工业的附庸物，丧失了作为人存在的真正价值。相比霍克海默，马尔库塞把我们所处的这个社会称为被科学技术统治的"单向度"病态社会，这里面生活着一群"单向度"的人，人们只可按照科学技术化的社会规则和程序进行思考和认知，这里的"单向度"指的是人个性的"单面化"，意指其理性批判精神的丧失。马尔库塞（Herbert Marcuse）事实上在提醒人们，要认清科学技术所承担的生产力与意识形态的双重职能，要时刻保持警惕，不要成为技术的奴隶。除此之外，英国新左派学者还开启了意识形态文化研究的新路径，如汤普森（Edward Palmer Thompson）认为，马克思意识形态理论受到挑战，并不意味着它没有生命活力，不过，要充分发挥它的作用就必须对它进行改造和发展。一方面，将马克思意识形态意指内容从一般思想体系扩展到文化象征形式；另一方面，将马克思意识形态实质从维护阶级统治关系扩展到维护一般统治关系[①]。

---

① 杨生平.约翰·汤普森意识形态理论评析 [J].学习与探索，2015（1）：22-27.

从国内来看，学者们的研究主要集中于以下几个方面。

（1）围绕马克思主义意识形态建设问题展开讨论。学者们对马克思主义意识形态建设问题的关注主要集中在四个方面：马克思主义意识形态的建设规律、马克思主义在意识形态领域中的指导地位、社会主义主流意识形态认同问题、中国共产党领导意识形态建设的历史与经验。有学者认为，在当今世界，一方面，"再意识形态化"有所表现；另一方面，意识形态以"非意识形态化"的方式发挥着重大作用的倾向有所增强，需要适应意识形态的这种变化，在有效发挥意识形态自身作用的同时，增强国家文化"软实力"、促进中国社会科学发展①。还有学者指出，当代中国意识形态建设必须在多元文化形态中厘清信仰存在的理由和限度，揭露"贬义化意识形态"两种错觉的同一实质，破解"意识形态模糊论"的挑战和难题，明确构建社会主义核心价值体系和核心价值观的唯物基础，在意识形态领域促进马克思主义指导地位的文化形态转化②。另外，有学者认为当前我国理论界和思想教育界需要对意识形态与核心价值体系的结构内容和特点做深入的分析，不能简单地推行国家主流意识形态，而应探讨如何加强马克思主义意识形态建设，以推动各社会群体和人民群众对社会主义核心价值体系的认同③。应当说，能否实事求是地坚持马克思主义基本原理、能否客观地把握社会历史进程、能否不断地推进马克思主义意识形态工作创新至关重要。回溯马克思主义意识形态建设规律的整个探索过程，我们既收获了成功和经验，也吸取了失败和教训，如何及时总结这些经验教训，最大限度地把握马克思主义意识形态建设规律，从实践中凝练出新方

---

① 雒新艳. 深刻把握新中国60年意识形态建设的基本规律：第三届马克思主义与当代中国论坛综述 [J]. 马克思主义研究，2010（1）：154-157.

② 陈东生. 马克思主义意识形态理论与当代中国意识形态建设研究 [J]. 中共中央党校学报，2011，15（4）：15-21.

③ 冯周卓. 以马克思主义意识形态建设推进社会主义核心价值观认同 [J]. 道德与文明，2009（6）：94-97.

法、新思路、新举措，是摆在马克思主义理论工作者面前的重大历史任务。

（2）围绕经济全球化与意识形态安全问题展开讨论。学者们对经济全球化与意识形态安全问题的关注主要集中于三个方面：少数民族地区意识形态安全、社会思潮多样化与我国意识形态安全、高校意识形态安全与大学生信仰培育问题。有学者认为，中国意识形态安全面临着外部和内部两大方面的问题。在外部挑战中，有客观经济发展趋势带来的，但更多的是西方敌对势力的主观故意。在内部挑战中，既有本土因素产生的思潮，也有外部思潮的国内化；既存在于社会，又存在于党内①。还有学者认为，维护马克思主义意识形态安全是由四方面决定的：一是共产党的性质，二是近代中国的历史选择，三是日趋激烈的国际竞争的需要，四是反对指导思想上的多元化的需要②。也有学者指出，我国意识形态领域存在的问题，既与西方敌对势力对我国的意识形态的颠覆战略有关，也与长期以来我国意识形态工作在内容、形式、方式、方法、机制等方面的僵化没有得到根本性的转变有关。一方面要抵御西方敌对势力对我国的意识形态的颠覆，一方面要大力改进传统的意识形态工作方式，只有这样，才能在新的时代背景下增强以马克思主义为主导地位的社会主义意识形态的说服力③。综上来看，意识形态安全问题实质上是国家安全问题在意识形态领域的具体体现，意识形态安全与市场经济、文化建设、社会稳定有着千丝万缕的联系，这也足以说明没有意识形态安全，国家的发展也无保障可言。

（3）围绕意识形态领域面临的新挑战与对策展开讨论。学者们对意识形态领域面临的新挑战与对策的关注主要集中于四个方面：

---

① 徐成芳，罗家锋. 试论当前中国意识形态安全面临的主要问题 [J]. 政治学研究，2012（6）：19-29.
② 田改伟. 试论我国意识形态安全 [J]. 政治学研究，2005（1）：28-39.
③ 黄旭东. 意识形态建设与国家安全维护 [J]. 湖北社会科学，2009（7）：16-18.

改革开放条件下怎样坚持社会主义意识形态的主导地位、巩固马克思主义在高校意识形态领域的指导地位、转型时期我国意识形态的变迁问题、网络传播背景下我国主流意识形态的建设。有学者认为，中国改革开放以来的意识形态发展过程，是一个在实践中不断探索的理论创新过程①。还有学者认为，我国意识形态之所以成功转型是由于赋予了意识形态原本应有的功能和地位，同时与渐进温和式的改革并举②。但也有学者指出，网络化对我国社会主义意识形态的主导权及高校意识形态建设工作环境带来了强烈冲击，强化高校意识形态安全建设的组织保障、思想保障、制度保障、载体保障是有效的路径选择③。意识形态领域出现的新挑战，诸如网络传播、经济全球化、利益多元化、多样化社会思潮等都必须引起我们的高度重视，只有把握中国特色社会主义发展的客观规律，主动着眼于对出现的新问题进行深度剖析，积极查摆问题与寻找对策，才能不断取得意识形态领域的新的胜利。

1.2.2 关于传播结构研究

1. 传播结构的基本模式

"结构"指的是关于事物之间及其诸要素之间的逻辑关系。传播行为只发生在传播关系中④，而人类的传播行为作为一种复杂的社会现象必然具有独特的传播结构与存在形式。对于传播结构或过程的研究最早起源于两千多年前的古希腊，亚里士多德（Aristotle）在其著作《修辞学》中就将"讲者、听者、内容"作为演讲的三要

---

① 萧功秦. 改革开放以来意识形态创新的历史考察 [J]. 天津社会科学，2006（4）：45-49.
② 茅晓嵩. 改革开放30年来我国意识形态的转型及其发展 [J]. 重庆社会科学，2008（8）：12-17.
③ 魏晓文，邵芳强. 论网络背景下的高校意识形态安全建设 [J]. 思想教育研究，2014（6）：29-33.
④ 威尔伯·施拉姆，威廉·波特. 传播学概论 [M]. 2版. 何道宽，译. 北京：中国人民大学出版社，2010：40.

素，这事实上展现了传播结构研究的最朴素状态①。从目前学界的研究成果上看，传播结构主要分为三类：单向传播结构、双向传播结构、整体互动传播结构。

（1）单向传播结构。在传播学研究史上，第一位提出传播过程模式的学者是美国的哈罗德·拉斯韦尔（Harold Lasswell）。他拓展了亚里士多德的研究，将结构与功能的框架放置在整个传播过程中：这个过程的结构由五个要素组成，呈线性的状态，即"谁→说什么→通过什么渠道→对谁→取得了什么效果"（5W模式），涉及守望环境、协调社会各部分以回应环境、使社会遗产代代相传三大具体功能②。从宏观的社会角度看，传播结构是传播社会功能展现的逻辑过程，这是拉斯韦尔所倡导的从结构功能主义角度研究传播学的路径。拉斯韦尔的研究主要突出了"通过什么渠道"和"取得了什么效果"这两项关键要素，将媒介与效果研究置于整个传播过程的中心地位，媒介取向和效果取向的研究也成为传播学史上重要的两个研究方向。

大约同时代，C.E.香农（Claude Elwood Shannon）在其著作《传播的数学理论》中提出了一种线性的、从左至右的传播概念，其中涉及信源、讯息、发射器、信号、噪声、接收到的信号、接收器、信宿，这些基本组成部分构成了一个传播结构的基本方面，尽管这个研究主要是描述电话传播系统的，忽略了非语言的传播，但这至少说明了传播活动并不是独立存在的，传播的过程会受到各种因素的阻碍和影响，这也为后续的传播结构研究提供了一个新的视角③。不过，拉斯韦尔的"5W模式"和香农的传播模式都是从单向的角度描述了整个传播过程，虽然拉斯韦尔本人着重强调了

① 张国良.传播学原理［M］.上海：复旦大学出版社，2009：37.
② 哈罗德·拉斯韦尔.社会传播的结构与功能［M］.何道宽，译.北京：中国传媒大学出版社，2013：35.
③ E.M.罗杰斯.传播学史：一种记传式的方法［M］.殷晓蓉，译.上海：上海译文出版社，2012：426-431.

"社会传播"，但从他对传播结构的表述上并没有过多地涉及传播与社会之间的互动关系，依旧没有揭示出传播结构的系统性、动态性和多维性特征。他的"5W模式"与香农模式的缺陷也是明显的：缺少反馈回路，无法体现出人际传播或者大众传播的互动特性；直线式传播模式不能体现传播过程中各要素、各环节之间的深层结构关系。一般认为，如果只从传播过程自身来考察传播结构的话，还不能揭示其结构的内在本质，必须将其放置在互动的结构中去，正是看到了这一点，控制论模式开始成为研究的主流。

（2）双向传播结构。双向传播结构也称为控制论模式，它在一定程度上体现出了传播结构的互动特征，增加了反馈回路，不过它仍然将传播过程视为单一的封闭过程。从历史上看，双向传播模式的主要贡献在于将传播过程视为"双向循环式"，并引入"反馈"机制。如奥斯古德（Charles Egerton Osgood）对"申农—韦弗"模式进行了积极的扬弃，他认为在传播活动中的个体既可以是信息的发送者，也可以是信息的接受者，展现出编码与译码双向行为。

施拉姆（Wilbur Sehramm）在奥斯古德研究的基础上提出了人际传播模式：传播过程是一个循环过程，传受双方在编码、释码、译码和传递信息、接受信息时，是相互作用、相互影响的，且是一种往复循环、持续不断的过程。同时，施拉姆的控制论模式还引申出一个"传播单位"的概念，即任何传播活动的参加者，无论是个人还是团体，都可视作"传播单位"，都兼有两重身份——"传者"和"受者"，以及四种功能——"传送"（发信）、"接受"（受信）、"编码"（符号化）、"译码"（符号解读）。这里的传播单位既可以是个人，也可以是团体，这里的媒介既可以是媒介组织，也可以是亲身媒介①。事实上，在施拉姆1954年提出的大众传播过程模式中则将媒介组织置于核心地位，这个模式主要是由大众传媒和受

---

① 张国良. 传播学原理 [M]. 上海：复旦大学出版社，2009：44-45.

众构成，它们之间是一种传达和反馈的关系。大众传媒通过与信源的联系并将大量的信息复制、加工、传递到受众一方，成为联系大众传播过程的核心传播者，而每个受众扮演着译码、释码和编码的三重角色，它们从属于群体，且能够对信息进行二次加工并将信息反馈回媒介组织，从而完成一次信息的完整循环。

施拉姆提出的人际传播模式侧重说明人际传播过程中点对点的关系，而他的大众传播模式则充分展现了信息传播点对面的特征。在双向传播结构研究的成果中，德弗勒将信息论引入传播结构研究中，提出了著名的互动过程模式，即在传播过程中补充了反馈的要素、环节和渠道，使传播过程更加符合人类传播互动的特点。与此同时，这个模式还拓展了噪声的概念，认为噪声不仅对讯息，而且对传达和反馈过程中的任何一个环节或要素都会产生影响[1]。

（3）整体互动传播结构。1959 年，赖利（Reilly）夫妇提出了传播的社会系统模式，即将传播过程置于整个社会系统的大环境中，试图说明群体、结构、系统三者之间的关系。赖利夫妇提出的系统模式使"基本群体"受到"更大社会结构"的制约，突出了传播者与接受者之间的多维互动关系，其系统性、整体性、协同性的特征更加明显，能够将传播活动的运行环境、制约因素、内部机制等充分展现出来。

1963 年，德国人马莱茨克（Maletzke）在其大众传播过程模式中的描述就更为精细，他将传者和被传者的自我形象、个性结构、工作环境、社会环境、媒介压力、讯息压力、内容选择、感受和效果等要素都纳入传播结构中，从更大的范围内描述了信息传递的整个过程，进一步地丰富和发展了自线性传播模式研究以来的各项成果，兼容并包的优势十分明显[2]。正如麦奎尔（Denis McQuail）

---

[1] 郭庆光. 传播学教程 [M]. 北京：中国人民大学出版社，2010：53.
[2] 李元书. 政治体系中的信息沟通：政治传播学的分析视角 [M]. 郑州：河南人民出版社，2005：126-134.

认为，该模式如此详尽，可以作为从社会心理学角度研究大众传播过程的相关因素的一份清单[1]。单就这一点来看，马莱茨克提出的大众传播模式，以系统论的视角综合考虑了社会传播活动中的多重因素及其相互制约关系，涉及一系列社会和心理因素，从宏观上把握了传播过程的总体情况。

2. 传播结构的动态与静态

如上所述，自拉斯韦尔开启的线性传播模式到马莱茨克的大众传播过程模式的研究历程，充分反映了学者们对传播结构研究不断完善和发展的努力。但也有学者指出，拉斯韦尔的"5W模式"的传播结构其实只是一种对传播过程的静态的、物理过程的分析和描述，在这一结构模式下，所有的信息流程被简化为物理信号的运行，至于结构本身的特征、构成性、能动性以及社会话语生产性等问题，在这一结构模式中显然没有体现出来；应当从传播结构和社会结构的互动性、传播结构的意义生产性、传播结构的社会隐喻性、传播结构的实践性去探究传播本质的深层意义，深刻认识传播结构的内在关系模式特征[2]。这也带出了传播结构研究的一个重要议题：动态传播结构与静态传播结构研究的分野。有学者认为，用"实体间的关系"来解释"结构"，或用物理学中的力学结构类比"结构"，脱不出结构功能主义、结构主义的理论范畴，关注的是静态与稳定的结构，对结构动态变化过程的解释力不足[3]。

从传播的定义来看，社会互动论的创始人库利（Charles Horton Cooley）就强调了传播的社会关系性，美国学者皮尔士（Charles Sanders Santiago Peirce）则把传播看成是观念或意义（精神内容）的传递过程，他们两人也开创了界定传播概念的

① 李彬. 大众传播学 [M]. 修订版. 北京：清华大学出版社，2009：82.

② 姚君喜. 中国当代社会的传播结构分析 [J]. 上海交通大学学报（哲学社会科学版），2007，15（5）：73-80.

③ 梅俊. 图绘新闻传播结构面像：从结构功能主义到结构化理论 [J]. 新闻界，2015（11）：14-19.

两个传统：社会学传统和符号语义学传统，共享说、影响（劝服）说、符号（信息）说等都不同程度地反映了这一传统①。但无论怎样，社会学传统的传播定义，往往会把焦点集中于社会因素对传播结构的制约和影响；符号语义学传统的传播定义，就会偏重于媒介信息本身的内容和形式。这两者所代表的不同研究范式都具有自身的学科特征，不能说用"实体间的关系"来解释"结构"的方式就是静态的传播结构研究，从传播结构和社会结构的互动性上考察就是动态研究，研究视角的差异性并不能作为区分传播结构动静之别的标准。

3. 传播结构的微观与宏观

任何传播结构都不是以一种静态的方式运转的，它会随着时间的推移或多或少与外界系统相连并被重新改造、建构、重组，其纷繁复杂的结构也会进行自我调适以便继续稳定运行。传播理论中的系统模式很好地将这一过程加以理论化，使传播结构的"解构"与"建构"的模式得以被精确表述，但它最大的缺点是只关注可以被观察到的结构，忽略了传播过程的其他方面，用了一种宏观的视角去考察整个传播结构，如社会学色彩的传播结构研究就是一种宏大社会理论的体现，但无法展现媒介或者个人在传播过程中的位置和作用。因而研究传播结构时，绕不开对微观的传播结构和宏观的传播结构进行理论上的梳理。

（1）微观传播结构主要集中在传播过程中的某个方面、某个层次、某个阶段里。如拉扎斯菲尔德（Paul Lazarsfeld）及其团队在美国伊利县的调查研究中就发现，信息从媒体机构流向舆论领袖后，再由舆论领袖传递到对信息不太敏感的人群中，流动的信息在传播的第二个层级中的效果被舆论领袖与其追随者之间广泛的人际传播而加以放大，这也说明了小群体传播（人际传播）在信息流

---

① 郭庆光. 传播学教程 [M]. 北京：中国人民大学出版社，2010：2-3.

动和意见改变上的重要性^①。虽然拉扎斯菲尔德所提出的舆论领袖、两极传播等概念被划归到"有限效果论"中，不过毫无疑问的是，它们与"把关人""创新扩散"理论等都是对微观传播结构的研究成果。

（2）宏观传播结构研究主要聚焦于将传播过程与宏观的社会结构结合起来考察的理论研究视角。如田中义久提出的"大众传播过程图示"，就将人类的交往活动分为（符号）信息交往、物质交往、能量交往三种类型，其中（符号）信息交往过程也属于传播过程，它是建立在物质交往和能量交往活动基础之上的，这个图示也成为第一个基于唯物史观的系统模式^②。应当说，不管是微观传播结构还是宏观传播结构，都是进行传播结构研究的重要视角，社会结构制约着传播结构，传播结构也影响着社会结构，两者是相互联系、相互作用的关系。

4. 传播结构研究的媒介化背景

基于以上分析我们可以看出，学者们对传播结构的研究始终围绕着三个分析传统展开，分别是结构分析、行为分析和文化分析。结构分析所探讨的问题集中在社会结构与媒介系统对内容类型的影响上；从行为分析上看，个体行为特别是与传播信息的选择、处理和反映（即媒介利用和影响）有关的内容是它的兴趣目标；文化分析则主要被应用在意义和语言方面以及特殊社会环境和文化经验的细节上^③。虽然学者们都持有各自的分析视角，但这三种分析传统都建立在现代传播的基础上，即传播的媒介化发展深刻地影响了信息的生产、传输和接收的形式，传播的状态、功能、结构出现了一次革命性的变化。如汤普森所言，大众传播的到来，特别是 19 世纪

---

① 胡翼青. 西方传播学术史手册 [M]. 北京：北京大学出版社，2015：255-261.
② 郭庆光. 传播学教程 [M]. 北京：中国人民大学出版社，2010：58.
③ 丹尼斯·麦奎尔. 麦奎尔大众传播理论 [M]. 崔保国，李琨，译. 北京：清华大学出版社，2010：16-17.

报纸的兴起以及 20 世纪广播的出现，对于现代社会特有的互动经验与原型模式具有深刻的影响[①]。一方面，信息的"传输"与"扩散"突破了时空的限制，信息流动速度的加快使传播结构的不稳定性持续上升，原有的静态描述显得过于简单化，结构中的各方关系也难以估计；另一方面，传播技术的发展也不可避免地导致权力的集中，传播与权力之间的联系更加紧密，传播结构体现为社会关系模式愈发明显。

有学者认为，人类传播的真正内涵，无非就是意义的碰撞、交流和建构的过程，在传播的意义构建中，体现出人们对社会关系的确认[②]。事实上，对传播结构变迁的理解需要与时代背景相结合考虑，传播媒介的现代化发展深深地改变了人与外界之间的关系，信息环境的加入制约着人的认识与行为，媒介成为人的延伸，传播媒介在信息的"扩散"和"接收"中扮演着越来越重要的角色。

传播学中的政治经济学派就认识到了现代社会中媒介化的高度集中对社会带来的诸多后果，他们主要关注在资本主义社会关系的大背景下大众传播的内在结构和本质特征，这与阿尔都塞的"意识形态国家机器"研究不谋而合。不过，政治经济学派和新马克思主义者们并没有过多地关注传播本身的结构问题，只是将传播媒介作为意识形态的一部分加以对待，依旧是一种宏大的社会传播研究分析法。而作为文化研究的代表性人物，斯图亚特·霍尔（Stuart Hall）在其著作《电视话语的编码与解码》一书中将传播过程按"生产、流通、分配／消费、再生产"的过程来分析，提出了信息的话语形式在传播交流中占有一个特殊位置，"编码"和"解码"的诸多环节是确定环节[③]。霍尔的"编码／解码"理论虽然延续了新马克思主义学者们的研究思路，但难能可贵的是，他将研究的目光

---

① 约翰·B. 汤普森. 意识形态与现代文化 [M]. 高铦，等译. 南京：译林出版社，2012：216.
② 姚君喜. 传播结构与社会话语生产 [J]. 当代传播，2009（6）：7-10.
③ 胡翼青. 西方传播学术史手册 [M]. 北京：北京大学出版社，2015：310.

集中到了传播过程中媒介在分析文化和结构关系中的中心地位上，没有将传播媒介置于宏观权力中而无法自拔。正如吉登斯指出，在结构二重性观点看来，社会系统的结构性特征对于它们反复组织起来的实践来说，既是后者的中介，又是它的结果①。传播结构也在一定程度上再造了社会结构，其中起到核心作用的就是传播结构自身独特的结构和形式，这是在受到社会结构的制约下产生的，但这种制约关系并不是直接的、无条件的和一一对应的，而是一种映射。如果把"结构"指向为社会再生产过程中反复涉及的规则和资源的话，那么，现代社会中的"传播结构"就是信息在传播过程中以映射方式获得的运行规则和形式。

1.3　研究的基本思路、主要方法及创新之处

1.3.1　研究的基本思路

（1）从唯物史观的角度去考察意识形态在技术、经济以及政治三大维度构架中传播的基本形态、基本结构、基本功能及其相互之间的关系。

（2）通过对意识形态传播结构的深层分析，探索并揭示意识形态在媒介、资本和权力三种要素制约下传播的基本规律。

（3）在整体上充分理解和认识意识形态传播过程的基础上，对当代中国意识形态传播的改善提出方案。

研究的难点在于：意识形态结构与意识形态传播结构关系的梳

---

① 安东尼·吉登斯. 社会的构成 [M]. 李康，李猛，译. 北京：生活·读书·新知三联书店，1998：89.

理；意识形态传播的动态呈现和基本特征。

1.3.2　研究的主要方法

研究以马克思主义唯物史观为根本方法，在吸收国内外相关传播理论的基础上综合运用文献分析法、综合归纳法、系统分析法，加之将理论阐释与具体情境相结合，力图解析意识形态传播的运行轨迹和形态。

1.3.3　研究的创新之处

从唯物史观的视角去把握意识形态传播结构的内在逻辑，并以此为基础分析意识形态在媒介、资本和权力共同作用下的具体传播状态，为中国主流意识形态的传播提供理论参考。

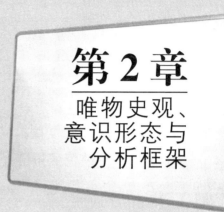

第2章 唯物史观、意识形态与分析框架

马克思和恩格斯创立的唯物史观是我们认识世界、改造世界的科学历史观，它的科学性表现在它所蕴含的历史唯物主义的方法论之中，唯物史观的视野也为我们打开了分析意识形态传播结构的道路。从宏观上看，意识形态居于思想建筑的上层，而意识形态要转化为人们所熟知的信息、话语和符号等必须经由传播，或者说，意识形态只有在传播中才能不断地外化，并发挥其应有的功能。因此，分析意识形态传播结构，需要结合意识形态背后的权力关系、意识形态传播的资源以及技术条件等综合考虑。

2.1 作为分析视角的唯物史观

2.1.1 唯物史观概述

在马克思主义的发展历程中，唯物史观的创立具有里程碑式的意义，这不仅是因为它揭示了人类社会发展的一般规律，还在于它为我们提供了认识世界、改造世界的科学社会历史观与方法论。当我们回溯唯物史观创立的过程时就会发现，这一科学历史理论的出现绝不是偶然的，而是马克思、恩格斯在吸收和借鉴前人思想理论并结合无产阶级革命实践的基础上，对人类社会历史的创造性认识和发现。

从马克思、恩格斯思想发展的轨迹上看，对这种"新唯物主义"的阐发主要缘起于他们对黑格尔哲学以及费尔巴哈哲学的批判。19 世纪初期，黑格尔哲学在德国学术圈中有着广泛的影响力，它的严密论证、逻辑推理和对理性的运用折服了众多年轻学子，尤其是黑格尔哲学中强大的论证方式一度被众人普遍运用于其他学科领域，其影响范围可见一斑。

年轻的马克思也被黑格尔哲学的魅力所吸引，开始将目光集中于学术领域，他频繁地参与到与之相关的各种讨论和社交活动之中，还在"博士俱乐部"里结识了众多"青年黑格尔派"的成员。那时的青年黑格尔派是持有激进自由主义立场的左派团体，他们强烈地批判封建专制和宗教哲学，试图从黑格尔思辨哲学中找寻出指导革命运动的理论良方。其中的重要成员包括施特劳斯（David Friedrich Strauss）、卢格（Arnold Ruge）、鲍威尔（Bruno Bauer）、赫斯（M.Hess）、费尔巴哈等。然而，随着新国王腓特烈·威廉四世的登基，普鲁士当局的保守倾向日渐显露，且拒绝了黑格尔及其追随者所持有的政治和宗教理念，以致青年黑格尔派成员们难以在大学中获得教职，并被迫从事自由撰稿人、记者以及其他经济来源不稳定的职业[①]。也就是在这个背景下，马克思舍弃了原先从教的职业期望，选择了能够实现改造社会、解放人类的革命理

---

① 乔纳森·斯珀伯. 卡尔·马克思：一个 19 世纪的人 [M]. 邓峰，译. 北京：中信出版社，2014：43.

论家作为自己的终身职业，随后他积极参与政治实践活动。他在担任《莱茵报》主编期间，发表了一系列针对普鲁士封建专制制度的政论文章，同时也接触到了底层群众，并了解了他们的生活状况和社会的种种不公。对这些社会现实的切身体验促使马克思认识到对"宗教的批判"不能代替对"法的批判"和对"政治的批判"，他开始思考现实生活中物质利益同法和国家之间的关系，为后来《黑格尔法哲学批判》的写作提供了实践准备。

在此期间，随着费尔巴哈的著作《基督教的本质》的出版，青年黑格尔学派也出现了分裂，原来的追随者相继改投他处，按照恩格斯的话来说，"那时大家都很兴奋：我们一时都成为费尔巴哈派了"。① 应当说，费尔巴哈哲学的主要任务是将黑格尔精神世界的前提"颠倒"过来，恢复真实物质世界中人的本质，进而为其人性研究提供可靠基础。如同马克思没有盲目地追随黑格尔一样，他对费尔巴哈人本学观点虽然倍加赞赏，但也对某些问题持有保留意见，他在《〈黑格尔法哲学批判〉导言》中就写道："人不是抽象的蛰居于世界之外的存在物。人就是人的世界，就是国家、社会。这个国家、这个社会产生了宗教，一种颠倒的世界意识，因为它们就是颠倒的世界。"② 不难看出，马克思对宗教的批判已经不单单停留在费尔巴哈对抽象的人的理解上，而是把批判的对象从"幻想中的现实"转换到人的现实生活中来，这表明他已经开始划清与费尔巴哈哲学的界限，而对后者的全面超越是从马克思、恩格斯两人合著《神圣家族》一书开始的③。与此同时，恩格斯也于1844年年初，在《德法年鉴》上发表了《国民经济学批判大纲》和《英国状况：

---

① 中共中央马克思恩格斯列宁斯大林著作编译局. 马克思恩格斯选集：第4卷 [M]. 北京：人民出版社，2012：228.
② 中共中央马克思恩格斯列宁斯大林著作编译局. 马克思恩格斯选集：第1卷 [M]. 北京：人民出版社，2012：1.
③ 中共中央马克思恩格斯列宁斯大林著作编译局. 马克思恩格斯选集：第4卷 [M]. 北京：人民出版社，2012：247.

评托马斯·卡莱尔的〈过去和现在〉》两篇学术论文，标志着其世界观和政治立场的转变。

在这之后，马克思开始将注意力集中到有关经济学和哲学的领域上来，在研读了大量文献资料的基础上写成了《1844年经济学哲学手稿》（以下简称《手稿》）。我们知道，在《手稿》中占据核心内容的是异化问题，马克思在探讨这个问题时使用了大量费尔巴哈的术语，但这不能掩盖马克思对资本主义社会中私有制和劳动异化关系的批判性分析。在《手稿》中，马克思谈到了在资本主义生产过程中劳动产品与工人的关系状态，称之为"物的异化"；劳动对于工人来说也成为"外化"的活动，称之为"自我异化"；由于"人是类存在物"，异化的劳动也就带来了人与他的"类本质"相异化；最后直接导致了"人同人相异化"①。从马克思分析异化的四个维度可以看出，异化现象的产生和资本主义经济的快速发展不无关联，劳动者原本是富有创造性的"类存在"，但在资本主义生产关系中却被降格为完全异质性的存在物；劳动活动原本是创造财富的源泉，但在资本主义生产关系中却成为贫困产生的起点，甚至于"人们谈到私有财产时，总以为是涉及人之外的东西"②。也就是说，马克思之所以将"私有财产"看作是"外化劳动"的结果，其实是看到了两者之间所隐匿的关系，即资本主义物质生产活动不仅生产社会财富，还在生产与之相匹配的财产关系。这个判断已经表明，马克思已经开始从现实的经济领域中寻找私有制的根源了。事实上，马克思对异化劳动的考察是创立唯物史观过程中的关键环节，里面的很多观点在其后的著作中都得到了印证和进一步展现。

一般认为，马克思和恩格斯对唯物史观的首次系统性论述主要

① 中共中央马克思恩格斯列宁斯大林著作编译局 . 马克思恩格斯选集：第1卷 [M]. 北京：人民出版社，2012：55-58.
② 中共中央马克思恩格斯列宁斯大林著作编译局 . 马克思恩格斯选集：第1卷 [M]. 北京：人民出版社，2012：62.

体现在《德意志意识形态》（以下简称《形态》）这本书中，这是他们继《神圣家族》后又一部思想深厚、体系宏大的论战性的著作。创作于1845—1846年间的《形态》分为两卷，其中对唯物史观的大部分论述集中在第一卷的第一章中。从行文的顺序看，该章由唯物史观的现实前提、劳动分工及其社会形态更替、生产力和交往形式的辩证关系、市民社会和上层建筑的辩证关系等几个方面构成。

首先，"全部人类历史的第一个前提无疑是有生命的个人的存在"，而不是存在于宗教或神学观念中的"一般人"，对人类历史的说明与考察只能从"现实的个人"这个前提出发①。在马克思、恩格斯看来，先前的德国哲学家所做的批判不过是"用词句来反对这些词句"，却没有考虑过"他们所做的批判和他们自身的物质环境之间的联系问题"②，这就导致他们没有真正认识到问题的症结所在，即观念的错误只是现实社会矛盾在意识领域的结果而已，问题的解决方法只能在物质现实中寻找。

其次，"分工的各个不同发展阶段，同时也就是所有制的各种不同形式"。③社会分工的逐渐分化也带来了社会经济形态的相互更替，正如在部落社会中，基于性别差异的自然分工是人类最初的分工形式，随着生产活动的不断扩大，人类获得了除满足自身基本需要之外的剩余产品的能力，随之而来的剩余产品交换又促使货币的出现以及商品生产活动的兴起，客观地造成了私有财产以及私有制的出现。人类的实践活动，在生产物质财富的同时，也在生产着相应的社会关系，并且这个过程并不是由个人能够自主控制的。这也表明，"分工和私有制是相等的表达方式，对同一件事情，一个

---

① 中共中央马克思恩格斯列宁斯大林著作编译局. 马克思恩格斯选集：第1卷 [M]. 北京：人民出版社，2012：146-147.
② 中共中央马克思恩格斯列宁斯大林著作编译局. 马克思恩格斯选集：第1卷 [M]. 北京：人民出版社，2012：145-146.
③ 中共中央马克思恩格斯列宁斯大林著作编译局. 马克思恩格斯选集：第1卷 [M]. 北京：人民出版社，2012：148.

是就活动而言，另一个是就活动的产品而言"①。然后，在生产方式中，生产力是决定性因素，在此基础上形成的交往形式"起初是自主活动的条件，后来却变成了自主活动的桎梏，这些条件在整个历史发展过程中构成各种交往形式的相互联系的序列，各种交往形式的联系就在于：已成为桎梏的旧交往形式被适应于比较发达的生产力，因而也适应于进步的个人自主活动方式的新交往形式所代替；新的交往形式又会成为桎梏，然后又为另一种交往形式所代替"②。换句话说，生产力在生产方式中表现为决定性力量，新旧交往形式的更替又总是由生产力所决定的。当生产力发展到一定阶段时，原有的交往形式不再适应于生产力发展要求后，生产力就会迫使交往形式进行新旧更替，以新的交往形式替代旧的交往形式。

最后，统治阶级的思想在每一个时代都是占统治地位的思想。这就是说，"一个阶级是社会上占统治地位的物质力量，同时也是社会上占统治地位的精神力量"③。在这里，马克思和恩格斯阐明了观念上层建筑和统治阶级之间的关系问题，诸如政治、法律、宗教、哲学、艺术等观点，以及相应的政治法律制度、机构设施等都是由占统治地位阶级的经济基础决定的，是这种占统治地位阶级的物质关系的观念表达。从总体上看，马克思和恩格斯对其创立的唯物史观做了如下总结：

由此可见，这种历史观就在于：从直接生活的物质生产出发阐述现实的生产过程，把同这种生产方式相联系的、它所产生的交往形式即各个不同阶段上的市民社会理解为整个历史的基础，从市民

---

① 中共中央马克思恩格斯列宁斯大林著作编译局. 马克思恩格斯选集：第 1 卷 [M]. 北京：人民出版社，2012：163.
② 中共中央马克思恩格斯列宁斯大林著作编译局. 马克思恩格斯选集：第 1 卷 [M]. 北京：人民出版社，2012：204.
③ 中共中央马克思恩格斯列宁斯大林著作编译局. 马克思恩格斯选集：第 1 卷 [M]. 北京：人民出版社，2012：178.

社会作为国家的活动描述市民社会，同时从市民社会出发阐明意识的所有各种不同的理论产物和形式，如宗教、哲学、道德，等等，而且追溯它们产生的过程。这样做当然就能够完整地描述事物了（因而也能够描述事物的这些不同方面之间的相互作用）。①

这段话清楚地表明，现实的物质生产活动是理解人类社会历史发展的基本线索，在生产过程中依次说明了由物质生产、交往形式、政治上层建筑、社会意识形式所组成的社会基本结构的内部关系问题，指出了社会发展的不同阶段所呈现的社会经济形态的不同，第一次较为全面地展示了唯物史观的全貌。由于各种原因，《德意志意识形态》并没有公开发表②，因而，马克思于1847年写成的《哲学的贫困》就成为对唯物史观的首次公开阐述的著作，并且在批判蒲鲁东（Pierre-Joseph Proudhon）的过程中进一步丰富了唯物史观的基本原则，明确提出了在《形态》中没有的生产关系的概念，这之后发表的《共产党宣言》运用唯物史观揭示了人类社会的发展规律，标志着马克思主义的诞生。

2.1.2 唯物史观的指导意义

马克思和恩格斯创立的唯物史观是我们认识世界、改造世界的科学历史观。它的科学性表现在它所蕴含的历史唯物主义的方法论之中，特别是唯物史观作为一般方法论对社会科学研究具有普遍意义，主要体现在它将物质生产方式作为理解人类社会发展的线索，

① 中共中央马克思恩格斯列宁斯大林著作编译局. 马克思恩格斯选集：第1卷 [M]. 北京：人民出版社，2012：171-172.
② 直到1924年，《德意志意识形态》的第一章才第一次出现在苏联马克思恩格斯研究所编纂的《马克思恩格斯文库》俄文版第一卷上. 参见：望月清司. 马克思历史理论的研究 [M]. 韩立新，译. 北京：北京师范大学出版社，2009：123.

运用结构的、经济的、过程的、实践的分析方法，科学地阐明了社会历史发展的一般规律，为人们在总体上研究社会历史提供了可靠的认识工具，从根本上克服了唯心主义在解释世界上的错误观点，同时也超越了旧唯物主义的历史局限性，实现了人类在认识论和方法论上的重大变革。

1. 从结构的角度来考察社会形态以及内部诸要素之间的关系

毫无疑问，物质生产活动是人类得以生存和发展的前提，不论是在满足生物性需求还是更高层次的需求上都是第一位的，不过，"一旦人开始生产自己的生活资料，……人本身就开始把自己和动物区别开来。人们生产自己的生活资料，同时间接地生产着自己的物质生活本身"[①]。由此而来，社会在人类劳动的基础上逐渐演化为人与自然之间的特殊中介，并成为独立于自然界之外的、具有复杂结构的社会整体。马克思曾在《哲学的贫困》中提到"每一个社会中的生产关系都形成一个统一的整体"，批判了蒲鲁东的政治经济学将"社会体系的各个环节割裂开来"，从而无法"说明一切关系在其中同时存在而又相互依存的社会机体"[②]。此后，他在《〈政治经济学批判〉序言》里集中论述了对结构的分析思路：社会结构是一个由不同社会要素相联系而组成的复杂社会系统。它的宏观结构表现为：生产力—生产关系（经济基础）—上层建筑（政治上层建筑、观念上层建筑）。其中，生产力和生产关系所组成的经济结构是所有结构中最基础、最根本的第一层次结构；政治结构（政治上层建筑）由法律、政治制度和设施构成，是直接反映经济基础并服务于特定生产方式的第二层次结构；社会意识结构（观念上层建筑）是指在社会意识领域中，能够直接反映相应经济基础的那部分

[①] 中共中央马克思恩格斯列宁斯大林著作编译局. 马克思恩格斯选集：第 1 卷 [M]. 北京：人民出版社，2012：147.

[②] 中共中央马克思恩格斯列宁斯大林著作编译局. 马克思恩格斯选集：第 1 卷 [M]. 北京：人民出版社，2012：223.

思想，处于社会结构中的第三层次。需要说明的是，政治上层建筑和观念上层建筑所组成的整个上层建筑都是经济基础的集中反映，只不过政治的上层建筑是最能反映经济的那部分，因而是整个上层建筑的核心。

2. 从经济的角度来说明社会现实以及提出解决社会问题的方案

恩格斯在其著作《反杜林论》中说道："以往的全部历史，都是阶级斗争的历史；这些互相斗争的社会阶级在任何时候都是生产关系和交换关系的产物，一句话，都是自己时代的经济关系的产物；因而每一时代的社会经济结构形成现实基础，每一个历史时期的由法的设施和政治设施以及宗教的、哲学的和其他的观念形式所构成的全部上层建筑，归根到底都应由这个基础来说明。"① 在这里，他将阶级斗争和经济基础决定上层建筑这一基本原理相联系，指出了在社会政治生活中发生的激烈变革和冲突都不能以思想或观念为依据，而只能从社会成员在经济关系方面的矛盾中寻找答案。这是因为社会的经济关系直接体现为该社会中各种生产关系的总和，且占据统治地位的生产关系决定和制约着整个社会的性质和发展方向。也就是说，唯物史观在说明社会各个领域中发生的变化，以及解释历史发展进程的规律上是以经济现实作为出发点和基础的，这种从经济因素出发来解释社会历史进步趋势的方法是马克思主义创始人在对黑格尔唯心主义哲学和费尔巴哈唯物主义哲学借鉴、批判、改造的基础上逐步发展起来的。这种以"现实的个人"为前提的考察方法揭示了历史现象背后的动因，即社会历史发展不是以人的个人意志为转移的，纷繁复杂的社会现象背后隐藏着贯穿于其中的规律性和必然性。"根据唯物史观，历史过程中的决定性因素归根到底是现实生活的生产和再生产""其中经济的前提和条件归根到底是决定性的。但是政治等的前提和条件，甚至那些萦回于人们头脑中

---

① 中共中央马克思恩格斯列宁斯大林著作编译局. 马克思恩格斯选集：第3卷 [M]. 北京：人民出版社，2012：401.

的传统，也起着一定的作用，虽然不是决定性的作用。"①

3. 从历史的角度来认识社会形态的演进以及历史发展的一般规律

社会历史并不会"在人类的一种完美的理想状态中最终结束；完美的社会、完美的'国家'是只有在幻想中才能存在的东西；相反，一切依次更替的历史状态都只是人类社会由低级到高级的无穷发展进程中的暂时阶段"②。马克思曾经在《〈政治经济学批判〉序言》中说道："大体说来，亚细亚的、古希腊罗马的、封建的和现代资产阶级的生产方式可以看作是经济的社会形态演进的几个时代。"③ 如此说来，马克思不是仅仅把历史当作既定的事物去考察，而是将社会历史看成是"过程的"历史，侧重于从运动、变化、发展的视角去深入研究历史发展的逻辑展现，从而揭示了人类历史演进的一般规律。一方面，唯物史观对社会历史过程的分析包含着两重含义：①社会历史发展的整体趋向于上升，体现为从低级到高级、从简单到复杂、从偶然到必然的运动过程；②"世界历史发展的一般规律，不仅丝毫不排斥个别发展阶段在发展的形式或顺序上表现出的特殊性，反而是以此为前提的"④。另一方面，唯物史观既主张"把经济的社会形态的发展理解为一种自然史的过程"⑤，又强调"历史不过是追求着自己目的的人的活动而已"⑥。坚持唯物史观

---

① 中共中央马克思恩格斯列宁斯大林著作编译局．马克思恩格斯选集：第 4 卷 [M]．北京：人民出版社，2012：604-605.

② 中共中央马克思恩格斯列宁斯大林著作编译局．马克思恩格斯选集：第 4 卷 [M]．北京：人民出版社，2012：223.

③ 中共中央马克思恩格斯列宁斯大林著作编译局．马克思恩格斯选集：第 2 卷 [M]．北京：人民出版社，2012：3.

④ 中共中央马克思恩格斯列宁斯大林著作编译局．列宁选集：第 4 卷 [M]．北京：人民出版社，2012：776.

⑤ 中共中央马克思恩格斯列宁斯大林著作编译局．马克思恩格斯选集：第 2 卷 [M]．北京：人民出版社，2012：84.

⑥ 中共中央马克思恩格斯列宁斯大林著作编译局．马克思恩格斯文集：第 1 卷 [M]．北京：人民出版社，2009：295.

的过程分析法，就是要我们正确地认识由"具体的个人"所构成的"真实历史"过程，避免陷入历史虚无主义之中。另外，马克思还将阶级看作是历史过程中出现的现象，正如马克思断言"阶级的存在仅仅同生产发展的一定历史阶段相联系"①一样，消灭阶级现象还需要大力发展社会生产力，为最终消灭阶级创造基本的物质条件。

4. 从实践的角度来把握现实世界并在此基础上改造现实世界

实践是人类所独有的创造性活动。马克思认为，"社会生活在本质上是实践的。凡是把理论诱入神秘主义的神秘东西，都能在人的实践中以及对这种实践的理解中得到合理的解决"②。人之所以是实践的，就在于实践是人的存在方式，也是人之所以成为人的标志，不论是对于作为"集体"的社会，还是对每个个体来说，唯有通过劳动才能创造出人类生存和发展的物质基础。这里需要说明的是，实践活动是人按照客观规律去认识和改造世界的感性活动，最早出现在物质生产活动中，后来由于生产规模的扩大而变得越来越复杂，它是自然界与人化自然界分化和统一的基础。传统唯物主义相信感性，但它对感性的理解是片面的，而感性也包括人的感性活动，包括实践。但是这种感性活动却是有目的的，从而具有主观性，实践是人的主观能动性的表现，是主观见之于客观的活动。虽然活动出于主观，但活动本身却是客观的。全部社会生活在本质上是实践的，是人们主观见之于客观的经济、政治和文化的活动形成人们的全部社会生活③。应当说，唯物史观的实践观点始终将人对客观世界的把握置于人的现实活动中来，把实践作为自己的本质特征，从实践去理解人、理解社会、理解世界，并在这个基础上促

---

① 中共中央马克思恩格斯列宁斯大林著作编译局. 马克思恩格斯选集：第4卷 [M]. 北京：人民出版社，2012：426.

② 中共中央马克思恩格斯列宁斯大林著作编译局. 马克思恩格斯选集：第1卷 [M]. 北京：人民出版社，2012：139-140.

③ 郝敬之. 整体马克思 [M]. 修订版. 北京：人民出版社，2012：245-246.

进社会变革与发展。马克思说过，"哲学家们只是用不同的方式解释世界，而问题在于改变世界"①。这就告诉我们，实践是一种自觉的、能动的活动，是被用来实现社会理想的现实条件与方法。

2.2　历史流变中的意识形态

作为一个学术概念，意识形态（ideology）被多数学者②认为与法国学者安东尼·德斯蒂·德·特拉西（Antoine Destutt de Tracy，1754—1836）有关，并首先出现在其著作《意识形态的要素》一书中③，它初创时为法语单词 idéologie，由希腊语中的术语"理念"（eidos）和"逻各斯"（logos）所组成，主要是指"理念的学说"或"观念学"，用以纠正流行于社会中的各种错误观念与偏见的"观念科学"④。我们无从考证特拉西构思这门新科学的确切动机，但不得不说，他创制意识形态这一概念与他所处的时代紧密相连，而且在很大程度上赋予他完成这项工作的时代感和现实感。特拉西所生活的年代正值法国大革命时期，由于资产阶级各派

---

① 中共中央马克思恩格斯列宁斯大林著作编译局. 马克思恩格斯选集：第 1 卷 [M]. 北京：人民出版社，2012：140.

② 参见：俞吾金. 意识形态论 [M]. 修订版. 北京：人民出版社，2009：25；大卫·麦克里兰. 意识形态 [M]. 孔兆政，蒋龙翔，译. 长春：吉林人民出版社，2005：7；约翰·B. 汤普森. 意识形态与现代文化 [M]. 高铦，等译. 南京：译林出版社，2012：30.

③ 另一说法是，"意识形态"一词首先由特拉西于 1796—1798 年在他向巴黎法兰西研究院分期宣读的题为《关于思维能力的备忘录》的论文中提出来的. 参见：安德鲁·文森特. 现代政治意识形态 [M]. 袁久红，等译. 南京：江苏人民出版社，2008：1-2.

④ 特拉西把观念科学定义为："如果人们只考虑内容的话，该科学可叫作意识形态；如果只考虑方法的话则可以作为普通文法；如果只考虑宗旨，可以叫作逻辑. 无论如何，它必须包含三个分支，因为观念科学归为两个方面：观念表达的科学和观念起源的科学." 参见：卡尔·曼海姆. 意识形态与乌托邦 [M]. 姚仁权，译. 北京：中国社会科学出版社，2009：68.

势力均没有足够的力量来单独行动，只能在底层群众高涨的热情上相互倾轧，以致愈演愈烈的政治角逐轮番登场，尤其是以罗伯斯庇尔（Maximilien François Marie Isidore de Robespierre）为代表的激进民主派上台后革命形势急转直下，内部不仅有吉伦特派和保守贵族势力形成了反扑，外部还面临着欧洲各君主国所组成的反法同盟相威胁，这直接导致了国内物价的飞涨和严重的通货膨胀。执政当局不得不迎合底层民众对某些权贵资产阶级的不满和仇恨，在全国范围内采取了具有恐怖特征的紧急措施，革命的目标甚至扩大到了地方的富裕阶层和工商业资本阶层，一些支持大革命的进步贵族成为被消灭的对象，激进的平均主义一时间甚嚣尘上。

也就是在这种背景下，作为进步贵族的特拉西在雅各宾派主导的恐怖时期被捕入狱，直到1794年，在罗伯斯庇尔下台后不久他才被释放。后来，特拉西供职于新成立的法兰西研究院，他的大部分工作都是围绕如何系统分析观念与感知而展开的，期望在充分反思大革命非理性根源的基础上为人们进一步研究其他科学知识提供理性的认识[1]。特拉西认为，启蒙运动在给人们带来思想解放的同时，还面临着巩固大革命成果的重任，这不仅是因为社会中的那些封建的、宗教的以及形而上的观念仍然禁锢着人们的思维，还在于一切非理性的群情激奋不可能为人类的美好未来提供有益的社会基础，只会将革命引向歧途。因此，他在创制意识形态概念时，已经有意识地排斥早先在思想界流行的形而上学或唯心主义的论调。他继承了孔狄亚克关于感觉主义的主张，将注意力集中到具有启蒙特征的反映论上，以理性、科学、经验的方式构建自己的观念学说，认为对一切观念的解释必须通过感觉才能进一步判断和推理，感觉不仅是人们认识外在世界的首要方式，更成为解释人类心智活动的首要入口，对观念起源的理解、对现有观念的描述、对新观念的重

---

① 约翰·B.汤普森.意识形态与现代文化[M].高铦，等译.南京：译林出版社，2012：32.

构只能从感觉着手，才能获得对事物表象的合理认知。也是以此为理论前提，通过对观念学的重构，使人们获得对事物认知的真正感受，社会和政治秩序也可以根据"理念的科学"的运用而加以改造，人类生活也可以得到改善。

不过，特拉西的理论构想并没有沿着他所设计的道路前进，"意识形态"作为一个概念诞生不久，很快就成为一个贬义词，与"空洞""空想""不切实际"等词汇联系在一起，并被硬生生地卷入现实社会的纷争中来。事实上，从特拉西使用"意识形态"这一概念开始，它就与整个政治实践紧密相连，他所倡导的"观念学"从其诞生之日起就意味着认识论上的革命，尤其是在反对教会神权、破除专制统治、宣扬科学理性中承担着重任。他还与法兰西研究院的同事们竭力主张加强意识形态在教育领域中的作用，以强化意识形态作为社会基础学科的地位。起初，观念学家们的努力得到了拿破仑的短暂支持，"但当他的政府在已有的宗教支持下向帝制演变时，来自自由派和共和派的意识形态理论家（他们逐渐被人如此称呼）的批判就不可避免了"①，他们之间的矛盾也就此完全公开化。当拿破仑统治欧洲的野心在俄国遭遇挫败后，他甚至将政治上的失意归咎于观念学，认为观念学者们是国家秩序的破坏者，是政治实践的空想家，是国家发展道路上的障碍，"意识形态"一词在一段时间内也被弃用。虽然以特拉西为代表的观念学家们的初衷是以观念学的重建为契机，把传统的、谬误的观念彻底抛弃，让没有成见与偏见的观念在各个学科获得重新阐释，但观念学与政治斗争相关联后，它本身就成为众矢之的，逐渐成为代表一定利益集体的观念与学说，不再是自命不凡的"哲学上的基础科学"。"意识形态"概念始终具有强烈的政治色彩，拿破仑对意识形态家们的清剿是为了维护自己的政权，"这个词本身已成为一个死命压制反对派以支撑摇

---

① 大卫·麦克里兰. 意识形态 [M]. 孔兆政，蒋龙翔，译. 长春：吉林人民出版社，2005：8.

摇欲坠的政权的皇帝手中的武器"①。可以看出,"意识形态"的概念从其产生的初期就被拿破仑赋予否定意义,虽然马克思在论述意识形态问题时也是从这个意义上去展开的,但在马克思那里,意识形态不论是从概念的内涵还是外延上都已经发生了根本性的变化。

2.2.1　马克思主义经典作家论意识形态

在时间的流转中,意识形态逐渐演变成一个充满多重含义的学术用语,与之相关的理论也变得愈来愈繁杂,正如英国学者伊格尔顿说道:"一种意识形态从来不是一种统治阶级意识形态的简单反映;相反,它永远是一种复杂的现象,其中可能掺杂着冲突的,甚至矛盾的世界观。"②反映在意识形态概念上,众多学者纷纷著书立说,给出了各自不同的回答,这就需要我们去除萦绕在意识形态概念上的各种成见,透过迥然相异的意识形态学说来挖掘其内涵和变化,以便从整体上把握唯物史观视野中的意识形态全貌。

1. 马克思、恩格斯论意识形态

意识形态首先出现在马克思和恩格斯合著的《德意志意识形态》这本书中。作为一本论战性质的著作,它面对的是以费尔巴哈为代表的旧唯物主义和青年黑格尔派所主张的唯心主义。马克思显然认识到了青年黑格尔派与以特拉西为代表的观念学家们的相似之处,这是由于后者在拿破仑那里被贬称为"空想家",意识形态概念从其产生的初期也被拿破仑赋予否定意义,虽然马克思在论述意识形态问题时也是从这个意义上去展开的,但对于马克思来说,"意识形态"不仅意味着实践上的无能,而且是虚幻和不现实的③。在《形态》第一卷序言中,马克思指出了青年黑格尔派哲学的核心

---

① 约翰·B. 汤普森. 意识形态与现代文化 [M]. 高铦,等译. 南京:译林出版社,2012:34.
② 特里·伊格尔顿. 马克思主义与文学批评 [M]. 北京:人民文学出版社,1980:10.
③ 安德鲁·文森特. 现代政治意识形态 [M]. 袁久红,等译. 南京:江苏人民出版社,2008:5.

都是一些天真幼稚的幻想，并认为人们总是为自己创造出关于自身的种种虚假观念，相对地，反抗这些不符合人本质的臆想只能够批判地将其抛弃掉①。他还在《路易·波拿巴的雾月十八日》中提到了意识形态是通过传统和教育来影响个人的。他说："通过传统和教育承受了这些情感和观点的个人，会以为这些情感和观点就是他的行为的真实动机和出发点。"② 这里再次暗示，意识形态是一种"虚假意识"或"虚幻观念"，它不是从客观实践中出发，而是从人头脑中的观念出发，企图在遮蔽现实世界的同时，用观念去统治世界，可以说是一种颠倒社会存在和社会意识的思想观念或活动。

那么，马克思和恩格斯所批判的德国现代哲学到底是什么？事实上，他们在论述市民社会时提到："……这种社会组织在一切时代都构成国家的基础以及任何其他的观念的上层建筑的基础。"③ 其实，将意识形态比作"观念的上层建筑"主要源于马克思对德国哲学和德国现实之间的"颠倒"问题的论述，在他看来，青年黑格尔派只是从意识出发而不是从物质现实出发。不过，马克思则认为只有从客观物质活动出发才能够解释观念，这是马克思一直强调"颠倒"问题的关键。进一步而言，马克思在论述费尔巴哈的章节中不只是研究"德意志意识形态"，他把"一般意识形态"也列为自己的研究对象，正如他对分工发展阶段的描述基于西欧典型社会一样，他对统治阶级的思想的理解也具有广泛的意义："占统治地位的思想不过是占统治地位的物质关系在观念上的表现，不过是以思想的形式表现出来的占统治地位的物质关系；因而，这就是那些使某一个阶级成为统治阶级的关系在观念上的表现，因而这也就是这个

---

① 中共中央马克思恩格斯列宁斯大林著作编译局. 马克思恩格斯文集：第 1 卷 [M]. 北京：人民出版社，2009：509.

② 中共中央马克思恩格斯列宁斯大林著作编译局. 马克思恩格斯选集：第 1 卷 [M]. 北京：人民出版社，2012：695.

③ 中共中央马克思恩格斯列宁斯大林著作编译局. 马克思恩格斯选集：第 1 卷 [M]. 北京：人民出版社，2012：211.

阶级的统治的思想。"① 这足以说明，在马克思和恩格斯那里，意识形态是一个综合性的概念，既是虚假意识的代名词，也指向统治阶级的思想。也就是说，意识形态作为一种"统治阶级思想"或"占统治地位的思想"，是特定历史时期的统治阶级制度化了的思想体系，统治阶级不仅统治着整个社会的物质生产过程，还控制着能够反映这种物质生产关系的思想。在实际情况下，"每一个企图取代旧统治阶级的新阶级，为了达到自己的目的不得不把自己的利益说成是社会全体成员的共同利益。这在观念上的表达就是：赋予自己的思想以普遍性的形式，把它们描绘成唯一合乎理性的、有普遍意义的思想"②。尽管马克思对意识形态的虚假性进行了深刻的批判和揭露，让我们看清了它是占统治地位的物质关系的观念反映，但他并没有完全否定历史进程中意识形态与阶级利益之间的关系。"只要阶级的统治完全不再是社会制度的形式，也就是说，只要不再有必要把特殊利益说成是普遍利益，或者把'普遍的东西'说成是占统治地位的东西，那么，一定阶级的统治似乎只是某种思想的统治这整个假象当然就会自行消失。"③ 换句话说，在资本主义社会中，意识形态必然要为统治阶级的利益服务，它所提供的对物质关系的适当表达超越了现实社会中资本与劳动之间的矛盾，这种掩盖和歪曲使得人们无从辨识它与物质条件的关联性。因此，马克思、恩格斯才提出了"跳出意识形态"的历史任务，为人们摆脱虚假观念的束缚提供科学的抽象。也正因为如此，他们在《共产党宣言》中号召无产者联合起来去"反对现存的社会制度和政治制度"，要求共产党人付诸行动以确立起自己的共产主义意识形态。

① 中共中央马克思恩格斯列宁斯大林著作编译局. 马克思恩格斯选集：第1卷 [M]. 北京：人民出版社，2012：178.

② 中共中央马克思恩格斯列宁斯大林著作编译局. 马克思恩格斯选集：第1卷 [M]. 北京：人民出版社，2012：180.

③ 中共中央马克思恩格斯列宁斯大林著作编译局. 马克思恩格斯选集：第1卷 [M]. 北京：人民出版社，2012：181.

2. 列宁论意识形态

自 19 世纪 70 年代以来，随着社会化大生产的迅猛发展，生产的社会化与资本主义私人占有之间的矛盾日趋激化，以卡特尔、辛迪加、托拉斯为代表的垄断组织相继形成，资本主义也由自由竞争阶段过渡到了垄断阶段。与此同时，资本主义世界经济体系的不断扩张加剧了劳动与资本之间的矛盾，这也促使无产阶级工人运动的规模不断壮大。在这种情况下，马克思主义在俄国获得了广泛的传播，为俄国工人运动的开展提供了有力的思想武器。然而，当时的俄国还是一个在沙皇统治下的农奴制国家，特别是在思想领域中的民粹派和"合法马克思主义"思潮的势力有着相当影响，这直接危害到马克思主义真理在俄国的传播。鉴于此，以列宁为首的一大批马克思主义者开展了与错误思潮的斗争，并逐渐形成了具有俄国特色的马克思主义学说。具体到意识形态领域，列宁根据俄国的实际情况和理论需要，对马克思的意识形态学说作了新的阐述。

在列宁看来，无产阶级如果要摆脱资产阶级意识形态的支配，就需要形成自己的社会主义意识形态去与之相抗衡。他曾说过："既然谈不到由工人群众在其运动进程中自己创立的独立的意识形态，那么问题只能是这样：或者是资产阶级的意识形态，或者是社会主义的意识形态。这里中间的东西是没有的（因为人类没有创造过任何'第三种'意识形态，而且在为阶级矛盾所分裂的社会中，任何时候也不可能有非阶级的或超阶级的意识形态）。因此，对社会主义意识形态的任何轻视和任何脱离，都意味着资产阶级意识形态的加强。"① 这是因为，占统治地位的思想已经与其政治利益紧密相连，无产阶级与资产阶级之间的斗争突出地表现为阶级立场和思想观念的对立，而无产阶级对资产阶级意识形态的批判包含着鲜明的阶级和革命倾向，只是将意识形态等同于虚假意识或统治阶级的

---

① 中共中央马克思恩格斯列宁斯大林著作编译局. 列宁选集：第 1 卷 [M]. 北京：人民出版社，2012：326-327.

思想观念不能充分地反映出无产阶级的根本利益，对意识形态界定需要与其反映的阶级利益相联系。事实上，列宁从来都认为，资产阶级和其他一切剥削阶级的意识形态学说从根本上看是虚假的，只有通过对它们的不懈批判和斗争，才能真正推动社会主义和共产主义意识形态的发展[①]。在否定性内涵上，列宁批判的是一种旨在歪曲和掩盖真实矛盾关系的宗教或资产阶级意识形态；在肯定性内涵上，列宁将体现先进阶级意识的马克思主义定位为"科学的意识形态"。由此来看，意识形态本质上表达着不同阶级利益的诉求，无产阶级意识是无产阶级实践活动的观念产物，也是进行阶级斗争的强大思想武器。这也就意味着，列宁对意识形态的概念作了新的阐发，将其定位为一种描述性的概念，即肯定了意识形态是社会存在的反映，且这种反映有可能是消极的，抑或是积极的，判断标准在于它所服务的阶级关系的性质。当然，列宁引用考茨基（Karl Kautsky）的话，也认为"社会主义意识是一种从外面灌输到无产阶级的阶级斗争中去的东西，而不是一种从这个斗争中自发地产生出来的东西"[②]，有必要主动地向工人阶级灌输社会主义意识形态，使其能够自觉主动地用科学的思想武器来武装自己，来完成革命的任务。

2.2.2　卢卡奇、曼海姆与意识形态的中性阐释

在意识形态的概念史上，列宁对意识形态的肯定性阐述开启了意识形态研究的中性化道路。与此同时，西欧的理论家们也结合自身革命实践，将理论研究集中于意识形态领域，提出了许多富有创造性的思考，尤其以卢卡奇、曼海姆为重要代表的学者在意识形态

---

① 俞吾金．意识形态论［M］．修订版．北京：人民出版社，2009：203.
② 中共中央马克思恩格斯列宁斯大林著作编译局．列宁选集：第1卷［M］．北京：人民出版社，2012：326.

概念的中性诠释上卓有贡献。

卢卡奇是匈牙利著名的思想家和革命家，早在学生时代就开始接触马克思和恩格斯的著作，尤其是看到战争对人类文明的摧毁，愈发坚定了对资本主义异化社会的否定，这也促使他后来转向了马克思主义的立场。他于 1923 年出版的《历史与阶级意识》就是在总结西欧革命斗争经验教训的基础上，对资本主义社会展开深度批判的理论成果。其中，"物化"是贯穿全书的一个核心概念，旨在说明资本主义社会中，"人自己的活动，人自己的劳动，作为某种客观的东西，某种不依赖于人的东西，某种通过异于人的自律性来控制人的东西，同人相对立"[①]。这就是说，人的活动变成了异质于他本身的对立客体，人创造的东西对他来说成为异己的，人与人之间的社会关系变为物与物之间的商品关系，不管人们是否愿意，物质世界的力量制约着人的活动，并成为客观法则统治着人类，由此而来是人的物化以及由此带来的人的客体化、商品化、非人化，而物化最直接的后果是物化意识的生成。在卢卡奇看来，前资本主义社会中的阶级利益不可能以清晰的形式展现出来，这是因为自给自足的经济生活还没有将社会联系起来，统治不是以经济控制为中介，而是表现为直接的统治，与之相适应的社会结构也只是简单的等级划分，从而不可能产生阶级意识[②]；在资本主义社会，经济活动渗透到社会生活的所有领域，商品交换不再是孤立现象而变得普遍化，资本主义生产"在人类历史上第一次使整个社会（至少按照趋势）隶属于一个统一的经济过程；社会所有成员的命运都由一些统一的规律来决定"[③]，这使得人们迷失在物与物之间的虚幻关系中，

---

① 卢卡奇．历史与阶级意识 [M]．杜章智，任立，燕宏远，译．北京：商务印书馆，1999：152-153.

② 卢卡奇．历史与阶级意识 [M]．杜章智，任立，燕宏远，译．北京：商务印书馆，1999：114-115.

③ 卢卡奇．历史与阶级意识 [M]．杜章智，任立，燕宏远，译．北京：商务印书馆，1999：159.

或者是囿于局部利益而丧失了对资本主义社会的批判能力。因此，无产阶级只有在自我扬弃的同时，开展积极斗争，而且"必须把它的阶级斗争的经济必然性提高为自觉的愿望，提高为有积极作用的阶级意识"①，这是摆脱无产阶级意识形态危机的可行途径。当然，作为在现代社会中"统一的主体与客体"的无产阶级并不是在任何时候都能保持自身的阶级意识，这种意识是"被赋予的"，只有无产阶级的命运成为整个社会的命运时，阶级意识才会真正成熟。

相较于卢卡奇，曼海姆则试图超越阶级意识，将其置于社会历史进程中来考察。在他看来，任何意识形态都是一定历史文化条件下的精神现象，人们观察意识形态往往首先看到的是它的虚假性，似乎一切贴上"意识形态"标签的意识形态都是蓄意伪装的或是用来掩盖真相的，且总是被实践所证明是无效的。不过，就是这种"虚假"的意识形态却隐含着这样的事实：人们的思考方式总是和他所处的社会环境紧密相连，作出的任何判断与分析都受到个体的生活经验和价值利益的制约，不可能获得对问题的全局性理解。只有彻底意识到每一种观点的范围的局限时，我们才算走在了寻觅整体理解的路上②。曼海姆认为，意识形态有特定概念和总体概念之分，"当意识形态表达的是我们对对手提出的思想和描述表示怀疑时，特定概念也就被表明了"，而总体意识形态"指一个时代或者一个具体的社会历史集团（比如阶级）的意识形态，我们关心的是这个时代或这个集团的思维的总体结构的特征和构成"③。可以看出，特定的意识形态概念主要停留在心理层次上，人们对于它的把握还较为局部和浅显，不可避免地涉及对利益群体的分析；总体的

---

① 卢卡奇. 历史与阶级意识 [M]. 杜章智，任立，燕宏远，译. 北京：商务印书馆，1999：141.

② 卡尔·曼海姆. 意识形态与乌托邦 [M]. 姚仁权，译. 北京：中国社会科学出版社，2009：100.

③ 卡尔·曼海姆. 意识形态与乌托邦 [M]. 姚仁权，译. 北京：中国社会科学出版社，2009：52-53.

意识形态则诉诸对不同社会背景中观念的客观判断，它扩展了特定的意识形态的认识范畴，有着对解释和说明社会发展上的史高层次描述。在现实社会中，推动总体的意识形态向前发展的关键因素是不同阶级意识形态之间的斗争，因为一旦所有的党派都能够从意识形态方面分析他们对手的思想，意识形态所包含的全部要素就被改变了性质，"意识形态"一词也获得全新的含义[1]。这是因为，在阶级斗争中的各党派势力，极力想摆脱附着在意识形态上的虚假性以突破自身局限，这样一来，就会显现出某种客观成分或"知识"的特征，这样的趋势是整个人类思想发展过程中不可避免的。据此，曼海姆提出了将"总体的意识形态"发展为知识社会学的观点，即"随着意识形态总体概念的一般表述的出现，单一的意识形态理论就发展成了知识社会学。总体而言，曾经是党派的思想武器的东西转变成了社会和思想史的研究方法"[2]。如此来看，在曼海姆那里，意识形态被理解为一种中性的社会科学知识，它本身受到社会历史条件的制约，却也提供了对现实社会认知的真知灼见，它虽然不可能为我们提供绝对的真理，却也在激励着人们勇敢超越现实去追求理想。在某种意义上，人们正是通过意识形态来思考和感知整个世界的，世界在我们的思考中也由观念变为现实。

2.2.3　法兰克福学派论意识形态

社会批判是法兰克福学派中最具影响力的思想武器，也是最能彰显其理论特质的基本主题。法兰克福学派依托于 1923 年成立的法兰克福大学社会研究所，最初由被称为"奥地利马克思主义之父"的 C. 格吕堡（Carl Grünberg）领导，重要成员包括霍克海

---

① 卡尔·曼海姆. 意识形态与乌托邦 [M]. 姚仁权，译. 北京：中国社会科学出版社，2009：72.
② 卡尔·曼海姆. 意识形态与乌托邦 [M]. 姚仁权，译. 北京：中国社会科学出版社，2009：72.

默、阿多诺、马尔库塞、哈贝马斯（Jürgen Habermas）等。在1931年，霍克海默正式任职该所所长，他上任之初就将研究的重点由历史转为社会心理学，并在更名后的期刊《社会研究杂志》上发表了长篇文章《传统理论和批判理论》（1937），第一次使用了"社会批判理论"这个学术术语①，将"主要注意力指向如何理解世界中的否定的、批判的力量消失的问题上"②。按照雷蒙德·盖斯在其著作《一种批判理论：哈贝马斯与法兰克福学派》中对意识形态的理解，它可以被划分为描述性意义、积极性意义和批判性意义上的三种不同类型的意识形态。他认为，批判性意义上的意识形态在认识论维度上揭示了人们对"虚假意识"的识别，法兰克福学派就是在这个层面对意识形态进行了批判。正如盖斯所言，早期法兰克福学派的学者霍克海默和阿多诺也就是从对"文化工业"的内在批判和反思开始的。

文化工业是现代资本主义工业化过程中相伴生的产物。在资本主义市场经济体系中，人们对文化的需要并不真正主导文化产品的生产过程，反而是以市场为基础的资本逻辑操纵着文化产品的需求和供给，市场规律支配下的文化从形式、内容、风格、主题上都是标准化和程序化的，交换价值是评判文化产品好坏的最高标准，文化生产成为资本家追求利益的另一种形式。霍克海默和阿多诺在《启蒙辩证法》开篇就说道："就进步思想的最一般意义而言，启蒙的根本目标就是要使人们摆脱恐惧，树立自主"，在此基础上"唤醒世界，祛除神话，并用知识替代幻想"。③然而，"如同神话已经实现了启蒙一样，启蒙也一步步深深地卷入神话"④，造成的结果只

---

① 胡翼青. 西方传播学术史手册 [M]. 北京：北京大学出版社，2015：231.
② 马丁·杰伊. 法兰克福学派史 [M]. 单世联，译. 广州：广东人民出版社，1996：100.
③ 马克斯·霍克海默，西奥多·阿多诺. 启蒙辩证法：哲学片段 [M]. 渠敬东，曹卫东，译. 上海：上海人民出版社，2020：1.
④ 马克斯·霍克海默，西奥多·阿多诺. 启蒙辩证法：哲学片段 [M]. 渠敬东，曹卫东，译. 上海：上海人民出版社，2020：9.

能是"被彻底启蒙了的人类丧失了自我","成为一种不可救药和自我异化的自然"①。这其实表明，启蒙运动所推崇的理性在破除神祇束缚的同时，也在将理性本身推向极致，让人类从上帝的神话跌落到理性的神话中。作为统治人类自身的理性从一开始就是单向的，即技术理性行使着理性的所有功能，人们不自觉地对技术顶礼膜拜，让人和物等同起来，进而带来了文化产品的商品化，文化因而不再是批判的武器，彻底沦为资本主义生产线上的"工业文化"。在资本主义社会中，理性的技术化意味着人自我批判的丧失，如此一来，理性不再是统治的对立面，反而要求人们对现实认同和服从；文化工业产品成为统治阶级用以精神麻醉的工具，思维和认知的趋同直接造成了"思想的同一性"，"个人头脑中的批判性思维被剥夺了，对现状的否定转变为对现状的肯定，对社会的拒绝反倒被拒绝，个人的意识已经融入并等同于社会意识"②。不过，霍克海默和阿多诺主要针对的还只是启蒙理性自身的逻辑蜕变，而直接指出科学技术本身就是意识形态的是马尔库塞。

作为法兰克福学派的重要成员，马尔库塞认识到了在资本主义社会中人的生存困境在技术统治下的永续化，即科学技术成为新的统治工具，资本主义意识形态内嵌于生产方式之中并获得了最大的合理性，人们在无休止的生存斗争中自愿行动，这种受制于现实的社会生活模式直接通向了资本主义的现实制度，维持社会生产力的发展和相应的生产方式凌驾于人的自由发展之上，这是发达工业社会意识形态的鲜明特质。他认为，科学技术之所以成为意识形态，主要由于技术进步的持续发展已经和政治相联系。一方面，科学技术使生产效能提升，极大满足着人的生存状态，这种直接性的既成事实超越了以往所有物质力量的界限，那些与之相容的制度体系被

---

① 马克斯·霍克海默，西奥多·阿多诺. 启蒙辩证法：哲学片段 [M]. 渠敬东，曹卫东，译. 上海：上海人民出版社，2020：35.

② 王晓升，等. 西方马克思主义意识形态理论 [M]. 北京：社会科学文献出版社，2009：159.

给予充分证明，从而获得了超现实的合理性；另一方面，在现代工业社会中，由于技术的合理性与政治的合法性的相互兼容，技术的理性控制较传统的暴力统治方式更具隐蔽性和欺骗性，转变为统治阶级意识形态的基础。进一步而言，在高度发达的工业社会中，科学技术承担起意识形态的功能，貌似"中立"的技术，实则让反对现状的否定性思考逐渐丧失，屈从于现实生活的人们"由此便出现了一种单向度的思想和行为模式，在这一模式中，凡是其内容超越了既定的话语和行为领域的观念、愿望和目标，不是受到排斥就是退化到这一领域"[①]。单向度的社会成功地实现了意识形态的单面发展，在没有了批判和反思的社会中，人成为单向度的人，其行为是顺从的、思维是定势的、思想是同一的、语言是一致的，生活在一个失去活力的、停滞的单向度体系之中。那么，如何才能摆脱意识形态的单面发展呢？在马尔库塞看来，科学技术的进步为绝大多数发达工业国家的人们带来了物质上的享受，人们沉湎于眼前的生活而不再追求另一种生活方式，要想从内心激发起人们的批判精神是十分困难的，只有对既定的体制的"绝对拒绝"才有可能恢复"单向度的人"的否定性方面。他把希望寄托在较少获得现有体制影响的青年学生、无业者、少数族裔和少数知识分子等有可能献身于"大拒绝"的人们身上。他在《单向度的人》中最后写道："只是因为有了那些不抱希望的人，希望才赐予了我们。[②]"这也表明了他对人们逃离单向意识形态的操纵和控制还是抱有希望的。

同样是将科学技术作为意识形态，哈贝马斯对两者之间关系的认识更加系统，提出了作为"技术统治"的意识形态概念。哈贝马斯在《作为"意识形态"的技术和科学》一文中区分了传统社会和

---

① 赫伯特·马尔库塞. 单向度的人：发达工业社会意识形态研究 [M]. 刘继，译. 上海：上海译文出版社，2014：12.
② 赫伯特·马尔库塞. 单向度的人：发达工业社会意识形态研究 [M]. 刘继，译. 上海：上海译文出版社，2014：215.

现代社会在合法性基础上的不同。他认为，由资本主义开启的现代社会，其统治的合法性不同于传统社会"从上"的政治辩护，而是直接"从下"，从非政治的"社会劳动的根基上"获得①。换句话说，资本主义社会的合法性并不是来源于政治的直接统治，而是来源于自由市场中合理的交换关系。不过，在 19 世纪末期的资本主义社会中，自由竞争加剧了周期性的经济危机爆发的频次，社会矛盾的激化也促使国家对经济过程不断地干预和调整，原有的自由市场竞争环境遭到破坏，以"公平交换"为基石的意识形态随之宣告"瓦解"，传统的意识形态面临着"合法性危机"。于是，政治统治以"补偿纲领代替了自由交换的意识形态"②，即把"按劳付酬"和"社会补偿"结合起来，最大限度地减小社会贫富的差距、缓和阶级冲突。不过，只要国家的活动旨在保障经济体制的稳定和发展，政治就带有一种独特的消极性质：政治是以消除功能失调和排除那些对制度具有危害性的冒险行为为导向的，因此，政治不是以实践的目的为导向，而是以解决技术问题为导向③。他认为，随着现代科学技术的发展，新技术已经不是自发性质的力量，而成为一种独立的剩余价值的来源，人们的阶级意识开始淡化，对公共生活的兴趣逐渐丧失，国家、社会、个人以科学技术为参照系，技术成功地统治了整个社会；科学技术的影响力渗透到社会生活的各个领域，其意识形态功能获得了合理化的形式，原有的以"公平交换"为基础的意识形态就逐渐让位于以"科学技术"为基础的意识形态，统治方式表现为技术统治替代官僚统治，社会生活中的实践问题在科学技术的发展中转变为技术问题，生产力从解放人的力量蜕变为统治

① 哈贝马斯. 作为"意识形态"的技术与科学 [M]. 李黎，郭官义，译. 上海：学林出版社，1999：54.
② 哈贝马斯. 作为"意识形态"的技术与科学 [M]. 李黎，郭官义，译. 上海：学林出版社，1999：60.
③ 哈贝马斯. 作为"意识形态"的技术与科学 [M]. 李黎，郭官义，译. 上海：学林出版社，1999：60.

人的工具。总之，科学技术意识形态让人与人之间的关系异化为人与自然之间的关系，以"非政治"面貌出现的技术统治，让国家的政治职能让位于技术职能，科学技术意识形态的出现褪去了虚假的意识形态要素，让人们沉醉于其中而无法自拔，人们理性批判精神的丧失消解了能够促进人类发展的革命性力量。

2.2.4　文化研究学派论意识形态

在漫长的人类历史中，知识的积累主要以口述的方式进行，精神的交流依赖于身体的接触，严格意义上的群体生活并没有形成，直到文字的产生以及印刷术的发明，社会才开始进入媒介的时代。实际上，人们在创造物质文明的同时，也在造就着"思想工具"，每一次的技术革新都催生出了新的传播媒介。这种新媒介在加快观念和思想交流的过程中，也在成为潜在的社会力量而改变着社会面貌。汤普森认为，以大众传播的发展为特点的社会里，意识形态分析应当集中关注大众传播的技术媒体所传输的象征形式①。确实，大众传播是对人类社会影响最为广泛的传播形式之一，而对于媒介时代的意识形态分析，主要关注的是媒介在象征形式的传递，价值观的维持、确立、再造统治关系和社会秩序上的功能。在媒介和意识形态的关系上，英国学者霍尔将目光投向意识形态文化领域，他注重媒介的意识形态角色，提出了大众文化是现代资本主义意识形态表征的论断。

可以说，意识形态的研究构成了霍尔对大众文化研究的主题，他对意识形态的理解在很大程度上体现了伯明翰学派文化研究的传统。霍尔在《文化研究：两种范式》一文中认为，文化研究主要有两种范式：文化主义范式和结构主义范式。威廉斯（Raymond

---

① 约翰·B. 汤普森. 意识形态与现代文化 [M]. 高铦，等译. 南京：译林出版社，2012：286.

Williams）和汤普森主要倡导文化主义的经验路线，前者将文化的定义同人的生活方式联系在一起，后者则围绕"经验"将意识和存在条件融合在一起，二者的观点都倾向于从经验层面来理解文化①。相较于文化主义研究范式，在结构主义范式占据主导地位后，大量围绕意识形态和结构的阐释活动变得频繁起来，其活力在于对"各种决定性条件"的强调，还在于重视"抽象"和整体性的研究，以及它对"经验"的去中心化。不过，阿尔都塞的结构主义观点虽然摆脱了经济决定论，但又陷入了结构决定论之中，理论的困境促使霍尔等学者对文化研究范式进行新的思考。他在《意识形态的再发现——媒介研究中被压抑者的重返》中借鉴了葛兰西的文化霸权理论，认为生产"普遍赞同"主要是由传媒完成的，它也是统治阶级意识形态领导权发挥的有效载体和形式。文化研究的"葛兰西转向"实质是文化霸权理论在媒介上的运用，如他对受众的解读就分为三种：倾向式解读、协商式解读、对抗式解读。倾向式解读又可以理解为"主导—霸权"式解读，在编码和解码一致的情况下，受众被动地接受编码者所传输的文本；而在协商式解读下，霸权性的界定依然有效，只不过需要结合当地的情形来制定基本规则；对抗式解读与上述两种情况截然不同，受众完全享有自己的话语权力，他们会重新设定信息负载的意义，两者最终走向了各自的对立面。这三种解读方式表明，信息所负载的内容可能是多意义的，受众则可能是多元化的。传统的媒介研究往往把传播过程看成是既定的或单向的，这种决定性思维让人们无法了解到大众媒介承担的意识形态功能，没能较好地认识到意识形态也是一个多种要素和结构交织而成的复杂场域，没能认清媒介和意识形态之间的关系，不能简单地将意识形态划归为经济的简单反映。"意识形态国家机器"已经不是某种既有社会结构或秩序的后续反映，它伴随着建构社会结构

---

① 斯图亚特·霍尔. 文化研究：两种范式 [J]. 孟登迎，译. 文化研究，2013（1）：303-325.

和秩序的全过程，并在此过程当中始终有所作为①。

　　如果说意识形态在社会结构和秩序中能够传播是因为它服务于某个特定阶层并表征为大众文化，那么在鲍德里亚（Jean Baudrillard）那里，资本主义社会中的文化逻辑已经不再是对占统治地位观念的表述体系，因为在现代社会中消费活动更多的是在符号层面而不是在物质层面上体现出来，意识形态或许并不是对现实的"颠倒"，而更多的就是媒介形式本身。鲍德里亚认为，现代社会中最大的特征就在于消费，消费主导着整个资本主义社会的运转，人们消费商品不是为了基本需要，而是为了满足欲望，物品的意义而非其本身成为消费者的首要需求，生产的支配性地位让位于消费，消费活动就是物品承载的"符号意义"的交换，当符号价值成为衡量社会差异化的体现时，它就成为控制社会的有效形式，消费主义的意识形态性就充分地体现出来。鲍德里亚对消费的认识离不开他对符号现象和结构的分析，其代表性著作《物体系》和《消费社会》就是在列斐伏尔对日常生活的批判和罗兰·巴特（Roland Barthes）的符号学基础上的进一步研究成果。"消费受控制社会"是列斐伏尔对现代日常生活世界的理论概括，他认为现代社会现实由三个层次组成：顶层是再现和意识形态；中层是社会想象投射的世界，包括个人的想象和集体的象征；底层是实践和感性的层次，指向日常生活实践②。而贯穿于这三个层次的消费意识形态、符号消费以及消费实践所组成的统一体构成了现代资本主义的社会现实。基于对这种消费社会的认识，鲍德里亚引入了巴特在符号学上的研究成果，将符号学里的能指和所指应用于政治经济学中，指出商品的使用价值和交换价值主要是通过符号价值的交换来实现的，实现了物品功能向符号意义的转向。应当说，鲍德里亚的消费意识形态

---

① 彭文祥．媒介传播的"真实性"与意识形态理论［J］．武汉理工大学学报（社会科学版），2005（3）：398-404．

② 石义彬．批判视野下的西方传播思想［M］．北京：商务印书馆，2014：221．

实际上包含了两个部分，即成为符号的商品和制造差异的媒介形式，二者共同构建出了消费社会的意识形态。马克思在《资本论》中就提到："商品形式和它借以得到表现的劳动产品的价值关系，是同劳动产品的物理性质以及由此产生的物的关系完全无关的。这只是人们自己的一定的社会关系，但它在人们面前采取了物与物的关系的虚幻形式。"[①] 这里的"物和物"关系的"虚幻"形式实质上指出了拜物教对人和物之间的颠倒，鲍德里亚对商品的理解其实是对马克思商品拜物教的当代理解，符号意义下商品的扩张性也证明了马克思对物化现象的判断依然具有当代意义。

2.3 分析框架

首先，本节对意识形态传播结构的概念进行明确界定，来把握其内在的构成要素、功能指向、结构特性等。其次，对意识形态传播结构基本图式进行描述并涉及各次级结构的分析，尽管这主要是以"结构—功能"论述为主；同时，就意识形态传播结构而言，各要素之间的位置并不总是一成不变的，而是处于相互制约、相互化约的状态，如何理解其中的结构性矛盾也是本节主要解决的问题。

2.3.1 相关概念的界定

与社会结构研究不同的是，对意识形态传播结构概念的界定不

---

① 中共中央马克思恩格斯列宁斯大林著作编译局. 马克思恩格斯选集：第 2 卷 [M]. 北京：人民出版社，2012：123.

仅需要厘清"结构"在意识形态传播中的含义，还需要考察两个结构——意识形态结构和大众传播结构，并以此为基础阐释其含义。这是因为，"意识形态传播结构"这个概念包含着二重意蕴。一是词汇表层的偏正结构中存在着词素之间的并列关系。从直观上看，"意识形态传播结构"是一个偏正式的复合词，可被理解为"意识形态传播+结构"和"意识形态+传播结构"两种组合样式。其中，前者的"意识形态传播"貌似是偏正关系，但实则可以理解为动宾式的"传播意识形态"、主谓式的"意识形态被传播"、偏正式的"意识形态的传播"三种情况。不过，当考虑到中心词"结构"为名词性语素时，"意识形态传播结构"就只能被理解为"意识形态被传播的结构"和"意识形态的传播结构"两个意思。换句话说，构成"意识形态传播结构"的限定词"意识形态传播"中的"意识形态"和"传播"并不是简单的偏正关系，它们之间并不存在确定的语义联系，而是直接与"结构"相连成并列关系，实则为"意识形态（被传播的）结构+（意识形态的）传播结构"的样式。二是概念本身的含义并不能通过词汇形式完全表现出来。任何概念并不是自明的、给定的、独断的，只能从其反映的客观事物和现象的本质中寻求解答，或者说"语言单位的意义本质上与组成生活方式的实践联系在一起"①。

对"意识形态传播结构"概念的分析如果只停留在词汇启示的逻辑中，就会囿于表象而无法回到事物的本身，尤其"悬置"意识形态传播结构的存在场景、历史条件、适用语境等，只会加大概念本身对现实世界的偏离，乃至不能完成对单纯语言符号的超越。与其说词汇形式是概念的语用单位，毋宁说它是概念的形式表达。作为思维逻辑的主要产物，概念的内容要比它的形式更具历史感、实践感、现实感，对事物的认知范畴更加全面、完整、具体，虽然有

---

① 安东尼·吉登斯. 社会理论的核心问题：社会分析中的行动、结构与矛盾[M]. 郭忠华，徐法寅，译. 上海：上海译文出版社，2016：38-39.

些时候它们是重合的。

1. 关于结构

"结构"这个术语常常被社会领域的学者们普遍使用，旨在说明组成社会的事实性要素之间的关系，抑或是建立在对社会生活经验性观察基础上得出的抽象理论模式，如帕森斯（Talcott Parsons）的 AGIL 框架、默顿（Robert King Merton）的"中层理论"和吉登斯（Anthony Giddens）的"结构化理论"都是典型代表。结构的观念不仅对社会学家至关重要，它还遍及语言学、人类学、政治学、传播学等社会科学中。不同的学者对"结构"或者"社会结构"的高度关注至少表明，面对纷繁复杂的社会现象，人们在力图探求这背后存在的隐秘结构，以及社会结构中各种要素组合的特殊运动规律。马克思就曾直言"社会不是坚实的结晶体，而是一个能够变化并且经常处于变化过程中的有机体"①，而理解这个有机体的性质和功能，首先需要厘清构成要素在整个结构中的存在状态、组合形式、转换规则等关键性问题，由此才能彻底地予以理论澄清。

被理解为"有机体"的结构有着特定的构成方式，要素之间的稳定关系聚合为社会的持久性"模式"，对结构中"要素关系"的解释必须依靠它产生的功能或效果来说明，观察者正是依照此"功能主义"法来理解社会生活中某种现象的运行方式的。在"功能主义"的历史文献中，斯宾塞的社会进化论最富有启示作用，它直接影响了后来的功能主义者的研究进路。在他看来，社会结构有着和生物体类似的结构特征，自然选择的规律同样适应于人类社会，就如同生物学意义的进化对物种繁衍普遍适用那样，社会的结构分化让社会更能适应错综变化的外部世界，社会各部分承担的不同

---

① 中共中央马克思恩格斯列宁斯大林著作编译局 . 马克思恩格斯选集：第 2 卷 [M]. 北京：人民出版社，2012：84.

"功能需求"让整个社会变得更加稳固和团结，斯宾塞（Herbert Spencer）把这称为"适者生存"①。这种与生物体的生理机能颇为相似的适应性描述，实则承担着解释社会生活客观性的功能，它同肇始于柏拉图形而上学的思辨式研究传统划清了严格的界限，渴望通过诉诸客观的经验事实来揭示结构的迷思，包括孔德（Auguste Comte）、涂尔干（Emile Durkheim）、马林诺夫斯基（Bronislaw Malinowski）、拉德克利夫·布朗（Alfred Radcliffe-Brown）等学者都参与到"功能主义"理论大厦的早期建构中，多数都触及了结构问题的核心领域。然而，正是由于"功能主义"对事物的客观性、适应性、经验性不假思索的极致追求，反而把结构当成是可以自主独立存在的实体，很少注意到社会生活中的行动者动机、行动者思想、行动者诉求等涉及人的行为的主观性方面。美国社会学家帕森斯注意到了传统功能主义的内在理论缺陷，并将其发展为具有现代特性的"结构功能主义"，贯穿这个理论的重要概念就是曾经被长期忽视的"行动"及其行动系统。在帕森斯看来，行动或者说社会行动是分析社会结构的基本单位，任何"行动"在逻辑上都包含有行动者、行动的目的、行动的处境（条件或手段）、稳定模式（规范性取向）四个要件②。所谓的行动系统，是行动者参照具体的情境框架而展开实际行动，并且在追求理想和落实目标的过程中，试图在构成行动的因素之间建立某种互动、均衡、规范的稳定关系，具体由行为有机体、人格系统、社会系统、文化系统等四个亚系统构成③，分别实现适应、目标实现、整合、潜在模式维持与矛

① 斯宾塞最先使用了"适者生存"这个术语，达尔文在其著作《物种进化》中亦有所使用。参见：E.M.罗杰斯.传播学史：一种传记式的方法[M].殷晓蓉，译.上海：上海译文出版社，2012：59.
② 塔尔科特·帕森斯.社会行动的结构[M].张明德，夏遇南，彭刚，译.南京：译林出版社，2003：49-50.
③ 在帕森斯的绝大多数著作中，主要是以人格系统、社会系统和文化系统三个子系统来论述其行动理论。

盾调控四个功能（AGIL 图示），起支配作用的是文化系统，即社会秩序的稳固和均衡依赖于价值观念的调适。在某种意义上，"系统具有结构的性质，但它本身不是结构。结构必然（逻辑上）承载系统或者集体的特性，体现'主体缺场'条件下的性质"①，行动系统从开始就将社会生活的"非行动（物质力量）"方面排斥在对社会结构的有效解释之外，没有将社会冲突、社会变迁、社会革命等问题置于优先位置。其后，以杰弗里·亚历山大（Jeffery C. Alexander）为代表的新功能主义者提出的"多维"分析框架，对帕氏的理论进行了一定程度的修正和辩护，认识到并不能片面运用二元范式来理解行动和秩序的关系问题，必须重新恢复传统结构功能主义中的综合性取向，期待它能够积极回应当代社会的现实挑战。

结构也被认为是渗透在社会表层之下的深层规则，这种对结构本质的探索源自欧洲，特别是索绪尔（Ferdinand de Saussure）对语言学的结构式研究，不但波及整个欧陆地区，还带动结构主义思潮在社会科学中的盛行。其中，法国人类学家列维·斯特劳斯（Claude Levi-Strauss）对结构主义的创造性工作，如对无意识活动、神话结构以及亲属关系的分析，就将"表层"和"深层"结构之别融会在其中，让我们意识到经验可感的社会现象之内，存有层次分明的结构图解：社会结构中那些可被经验观察到的社会关系居于表层，决定它的是潜藏在社会关系背后的深层结构，后者是更为普遍、更为基础、更为真实的逻辑结构，它们共同构成了理解社会结构的两个结构层。斯特劳斯对深层结构的强调实则为诉诸人类心智活动的结果，这是因为他从索绪尔结构语言学中认识到，相较于用历时性（连续的）来解答社会的潜藏运行模式，共时性（静止的）研究似乎更具说服力和解释力。从共时性的角度来审视社会，

---

① 安东尼·吉登斯. 社会理论的核心问题：社会分析中的行动、结构与矛盾 [M]. 郭忠华，徐法寅，译. 上海：上海译文出版社，2016：73.

暗含着结构主义者们将时间因素排除在他们的理论之外，仅仅关注社会关系实存空间中的永恒"在场"。表层结构作为副现象，并不能实质性地影响深层结构的支配地位，而这个深层结构指涉的正是人们所共享着的相同心智结构，它对所有的人类社会形态来说，不但贯穿于社会的所有活动中，还持续地驱动着人类所有行为的产生。在这里，斯特劳斯对无意识深层结构的说明和解释，与弗洛伊德的潜意识、拉康谈论的符号秩序以及阿尔都塞的症候式阅读存有某种共通之处。他们都竭力超越前阶段粗糙的经验观察和由"客观事实"封闭所造成的理论隔阂，期望从还原社会运行机制的视角上，为推进理论研究提供一个有效的改进方案。应该能够看出，共时和历时、宏观与微观、动态与静态依旧是二元对立的逻辑，吉登斯试图以"结构化"来抵制上述划分，让"结构兼使动性和制约性"，结构性特征渗透进主体（行动者）和客体（社会）之中，同时形构了"个人"（personality）和"社会"①。按照他的说法，行动者在受到结构本身约束的同时，还在行动中不断地再生产结构，行动和结构所构成的"二重性"既是社会实践的媒介，又是社会实践的结果，它们在社会系统中相互依赖，并在日常生活中循环往复。公允地说，与众多"后帕森斯时代"的学者们不同，吉登斯有意识地在行动和结构之间找出最大公约数，以特定的方式将两者综合在其宏大的理论构想中，这一点是值得肯定的。不过问题在于"仅仅指出结构与行动是相互构成的，即一个暗示着另外一个，而并非对立，这是不够的"②，能否在更宽泛的视角下突破结构理论的困境才是难点所在。

如前所述，亚历山大和吉登斯都认识到二元对峙思维对结构研

---

① 安东尼·吉登斯. 社会理论的核心问题：社会分析中的行动、结构与矛盾 [M]. 郭忠华，徐法寅，译. 上海：上海译文出版社，2016：77.
② 安东尼·吉登斯，菲利普·萨顿. 社会学 [M].7 版. 赵旭东，等译. 北京：北京大学出版社，2015：85.

究所造成的理论困境，各自开出了"多维"和"综合"的解决方案。这些反映出，除"结构—功能"式分析和"表层—深层"式解释外，对于其中的结构要素以及在此基础上对关键变量的阐释还有待更深层次的发掘。推而广之，当我们提及意识形态传播结构时，需要注意以下方面。

（1）它应当被看作是关系性的，而非实体性的。结构是否独立于功能，这是区别关系性结构和实体性结构的显著特征。通常而言，关系性结构意味着它同某种功能相联系，并且只能依赖后者才可得以存在；实体性结构并非没有相应功能，而是说它的结构是独立于功能而存在的。

（2）它是由结构性要素而非构成性要素组成的。其中，单个要素不仅受到内部法则的支配、技术条件的限制、特定历史状态的束缚，还受到来自结构中其他要素的影响和制约，每个要素的变动部局只有纳入整体结构之中才能得以理解。

（3）它的结构变迁主要是技术性的，而不是历史性的。历史是客观的，理解历史即是理解生命本身，人类活动所展现的历史性，构成了人们认识自身的特定视域，目的在于理解过去发生的事物，以便更好地指导实践和追求未来生活。对结构的变迁而言，它具有历史的性质，或者更准确地说具有被历史解释的属性，但并不表明变迁就应归因于连续性的历史，反而它在很大程度上是非连续性的技术问题，即技术作为人类实践内生积累的创造性过程。

（4）它是结构性的转换规则，而不是系统性的规范秩序。不同的规范秩序，应然地假设了各自对价值目标的期许和偏好，以及构成规范性所需的必要形式和情境配置。这样的系统性论证无非是关于特定社会结构矛盾的预期性调节和主张，所有的规范秩序只有通过被称为"转换规则"的实然结构才能得以实现。例如，政治合法性的确证在于权力运行规则的权威化，而不是价值目标原则的制度化浓缩。

2. 关于意识形态结构

如果说意识是对人类观念世界的现实写照，那么意识形态则是成体系的观念活动。在马克思那里，意识形态被认为是占支配地位的思想体系，反映着物质上占统治地位阶级的价值观念和利益诉求，具体表现为由政治、法律、道德、宗教、哲学、艺术等具体形态所共同组成的层次式结构，与经济基础的远近决定了结构内部的"等级排序"以及局部结构的表述方式。马克思对意识形态的结构式思考方式在很大程度上也影响了后人对观念体系的解释路向，他们不自觉地将现实对象和认识对象从理论上进行了区分，并以此为前提对意识形态及其内部关系作了详尽且精辟的分析。

阿尔都塞曾经给出过"人生来就是意识形态的动物"[①]的论断，并且识别出了意识形态的特殊结构，即"镜像的结构"。他认为，意识形态并不是以虚假意识的形式存在于人们内心深处，反而是通过"主体"[②]这个基本范畴把社会中的个体"呼唤"或者"传唤"为具体的"主体"。其全部秘密就在于，个人被建构为主体的过程是被动的、无意识的、自发的，甚至在出生前就已被预设为主体，如此被"质询"后的个人在获得了无可置疑的绝对性的同时，主体实践活动也在意识形态特殊结构中反复地被加以确证、想象、构造，这种"双重反射的结构"就如同人们的思想的视界，成为每个个体找寻位置、赋予意义、生成行动的指南。在这里，对"镜像的结构"的理论说明是阿尔都塞结构主义研究取向的关键论点，他实际上指出了各种意识形态在结构层面的共同性特质，用他的话来说就是"这种结构和功能是永远不变的，它们以同样的形式出现在我

---

① 阿尔都塞. 哲学与政治：阿尔都塞读本 [M]. 陈越，编译. 长春：吉林人民出版社，2003：362.

② 主体在这里有两层含义：一是独立的个人；二是"服从于更高的权威，因而被剥夺了除自由地屈服之外的所有自由的主观存在"。参见：大卫·麦克里兰. 意识形态 [M]. 孔兆政，蒋龙翔，译. 长春：吉林人民出版社，2005：44.

们所谓历史的整个过程中"①。这种对意识形态的非历史性论说暗示着作为具体的、现实的、实在的"主体"的死亡，取而代之的是生产关系这个真正"主体"的出场，生产关系也经由意识形态转化为"个人与其实在生存条件的想象关系"②。

毋庸讳言，社会想象在本质上是生产关系再生产的观念化反射，意识形态结构的反射机制不仅形塑了意识形态功能发挥的物质机构（意识形态国家机器，Ideological State Apparatuses，简称 ISAs），而且限定了与之相关的意识形态结构的基本框架。其一，意识形态结构的基本层面指向于想象关系的化约③。当我们沉浸在想象关系中时，意识形态已为我们做了两次"颠倒"，先有黑格尔式的"头足倒置"神秘化了思维的过程，后有拉康式的"镜像反射"合理化了现实存在。意识形态幽灵通过这样的方式显现于自我的周边，就是为了"掩盖"人的真实的生存状况，企图通过弥合现实和想象之间的"缝隙"，使自我无意识地构建起"意识形态幻象"，最终造成了自我和现实剥离的永恒化。作为想象关系化约的产物，意识形态幻象为自我意识提供了不可辨识的超验空间，那些真实的社会关系被隐藏、阻隔和浓缩，而支撑日常表象的"现实"情境却惟妙惟肖，只不过这个"现实"背后什么都没有，有的只是意识形态幻象本身。其二，意识形态结构的具体层面指向于象征④

---

① 阿尔都塞. 哲学与政治：阿尔都塞读本 [M]. 陈越，编译. 长春：吉林人民出版社，2003：351.

② 阿尔都塞. 哲学与政治：阿尔都塞读本 [M]. 陈越，编译. 长春：吉林人民出版社，2003：353.

③ 化约（reduction）又译还原，是还原论中的核心概念，原意是指每种事物都是由简单的或基本的东西所构成的集合体，最先出现在哲学家奎因（Willard Van Orman Quine）的论文《经验论的两个教条》中，后来被其他学科广泛借用。本文中的化约特指意识形态对人生存条件的遮蔽、剥离和抽象的过程。参见：不列颠百科全书（国际中文版）：14[M]. 北京：中国大百科全书出版社，1999：185；李建会. 还原论、突现论与世界的统一性 [J]. 科学技术与辩证法，1995（5）：5-8.

④ 象征（symbol）为人类所特有的属性，是用来表征某种观念或规则的特定形式，行为、语言、符号等被赋予意义的事物也都可以被归于此。怀特就认为，人类行为就是象征行为；象征行为是属人的行为，象征就是人的全部所在。参见：Leslie A. White. The Science of Culture: A Study of Man and Civilization[M].New York：Farrar, Straus and Cudahy, 1949：22.

形式的叙事。作为代表性事物之构造方法和运作规则，象征形式的叙事是借以辨识相应意识形态结构的全景式"窗口"以及想象关系得以勾勒的可视化"造像"，它承载的意识形态完全融会到叙事结构内部之中而不可分割，或者它本身就是意识形态结构的表征。但并不是说，意识形态结构会自动地在社会实践中得到确立，它依然需要借助于"叙事"才能实现。象征形式的叙事内含着意义制造过程的结构性要件，如叙事主体、叙事内容、叙事形式、叙事意图、叙事背景等方面，此为潜藏在想象关系化约之上的更为直观的结构规则，意识形态正是通过这些结构规则得以"自然地"调和现实世界中的各种矛盾和冲突。

由此可见，所谓意识形态结构，指的是意识形态得以存在的价值设定、运行模式、操作规则所组成的相对稳定关系，它既是意识形态的直接结果，也是它的预设前提。不同的意识形态之间往往在结构性特征上存有差异，导致所对应的社会功能也相去甚远，通过对不同意识形态结构的观察和描述，可以为理解其存在的深层次机理、条件和场景等提供某种可能。

3. 关于传播结构

在大众传播领域，哈罗德·拉斯韦尔的"5W"模式开创了传播学领域中结构功能主义的分析路向。

谁（Who）？

说什么（Say What）？

通过什么渠道（In Which Channel）？

对谁说（To Whom）？

取得什么效果（With What Effect）？

以上就是拉斯韦尔在其论著《社会传播的结构与功能》中提到的五个著名问题，这是他用以研究传播行为的叙事模式，同时他阐明了社会传播的三大功能：守望环境；协调社会各部分以回应环境；使社会遗产代代相传①。在此后的传播学研究中，"5 W"或者"拉斯韦尔模式"逐渐成为学者们竞相效仿的经典理论范本，这也使得传播研究更加偏重于媒介效果，特别是对传播效果模式的不断探索，包括"香浓—韦弗模式"、施拉姆循环模式、赖利夫妇模式、社会系统模式等，都是在此基础上衍生出来的理论模型。以"模式"为形态对大众传播结构进行理论研究的好处是不言而喻的②：首先，模式具有组织功能，能将各系统排序并连接起来，还能使我们看到一个很难从其他方法中获得的整体形象。模式提供的是适用于各种不同特殊状态的一个普遍图景。其次，模式具有解释功能，它能用简洁的方式来提供信息，如果改为其他方法则可能提供相当复杂或含糊的信息。由于模式能引导学生或研究者关注某一过程或系统的核心环节，这又使模式具有启发功能。最后，模式有可能对事件的结局或进程进行预测。它至少能够为估算各种不同结局发生的概率提供基本依据，因而可以据此建立研究假设。

　　大众传播学者们建构"模式"的时候，着眼于实用主义的方法论原则、解决现实问题的价值取向以及传播实践中具体经验的运用。如果追溯这种研究传统就会发现，传播学的四位奠基人——拉斯韦尔、拉扎斯菲尔德、勒温（Kurt Lewia）、霍夫兰（Carl Hovland）都是典型的经验学派学者。他们对实证主义的研究立场青睐有加，经常将那些可观察到的"相关经验事实"放置在预设的理论模型中进行检测，进而对被解释现象作出合理的说明，并得出相应的推论。虽然不同的传播学者对模式的争论还在持续，但从模式的角度来阐明传播过程中各个要素之间的相互关系，以及由此展开的对传播过

---

① 哈罗德·拉斯韦尔. 社会传播的结构与功能 [M]. 何道宽，译. 北京：中国传媒大学出版社，2015：35-37.
② 丹尼斯·麦奎尔，斯文·温德尔. 大众传播模式论 [M]. 2版. 祝建华，译. 上海：上海译文出版社，2008：2-3.

程的性质、规律和功能的讨论却成为主流的研究范式。他们都借用"模式"来探求存在于人类传播活动中的各种结构性谜团，以期通过程式化、逻辑化、系统化的模型来精确地还原现实生活中的信息传递过程，以简化图景的方式来描述这个过程。具体来说，大众传播研究的结构功能框架强调信息（普遍意义上）在发送者和接受者之间发送、传递、转换、接收的问题，或者说是传播者、内容、渠道、受众和效果之间的关系问题，以及产生出的控制分析、内容分析、媒介分析、受众分析、效果分析等，尤其注重以媒介为中心的效果和受众研究，以及传播者和受众之间所扮演角色、功能定位、社会建构等功能论研究路向。

由此而言，我们可以把大众传播结构理解为：它是随着传播机构的日益技术化、产业化和规范化后逐渐显现出的，具有特定结构和社会效果的现代信息传输体系，其基本传播要素由职业的媒介组织、可批量复制的信息、庞大的受众群体所组成，表征的是大量信息经由大众传播媒介抵达广大受众的规模化传播活动。

4. 关于意识形态传播结构

通过对比"大众传播结构"和"意识形态结构"可以发现，结构既可以处于社会事实的范畴之内被观察者直观演绎，也可以是潜藏在社会事实之下的"结构的结构"而不为人们所意识。由此而言，意识形态传播结构就是意识形态得以传播的转换规则，其中的转换技术、转换资源、转换能力是基本要素，它们之间所形成的均衡关系当且仅当在传播过程中才能予以体现，其结构属性通常表现为动态转换过程，形成的可持续循环状态往往是自发的，同时也受到关键变量的制约和规定，从而走向自为的趋势。

2.3.2 意识形态传播结构的基本图式

意识形态传播要素的动态转换和逻辑循环，牵涉到许多被认为是潜在的影响因素和约束变量，这就要求我们必须明确地从诸因素中分离出那些最重要的结构性变量。

按照之前的概念论证，使意识形态得以传播的转换规则（即意识形态传播结构），涉及转换技术、转换资源、转换能力三个基本要素，它们在意识形态传播过程中保持着动态的均衡关系。同时，在社会环境和要素特性的干预下，三者之间也存在着对称性变动，即要素角色变换后意识形态传播过程的再平衡。这意味着，这些基本要素的覆盖范畴要有交叉、要素间的差异可替换、影响能力能够被扩散。就转换技术而言，实际上指的是意识形态在传播过程中物质承载体的运作方式，依赖于不同物质形态的传播过程通常会在传播能力、路径、形式上有所不同，我们把这样的不同归因于物质承载体运作方式的差异，即技术差异；就转换资源而言，意识形态传播是社会再生产过程中的结构性现象，它受到生产关系中物质力量的不断驱使，并且凭借这个力量提供的物质基础维持其持续性运作；就转换能力而言，不同意识形态有着各自实现客观利益的能力，这是将物质基础化约为实践行动的排他性支配力，它们往往同特有的制度、观念、机构相联系，凌驾于所有的社会力量之上。就此判断，媒介可以被认为是意识形态传播结构的技术要素，资本可以被认为是意识形态传播结构的资源要素，权力可以被认为是意识形态传播结构的能力要素，这也是意识形态传播结构在技术、经济、政治三大维度的具体体现。

意识形态传播的动态转换过程，体现为意识形态传播实践过程的循环往复状态。在这个转换过程内部发生的所有活动，事实上就是想象关系经由资本、权力和媒介三者转化为意识形态的规则环路（图 2-1）。

想象是人类对自身生存条件的自我意象思维，人们与这种条件的关系就构成了想象关系。意识形态所反映的不是人类同自己生存条件的关系，而是它们体验这种关系的方式：这就等于说，既存在

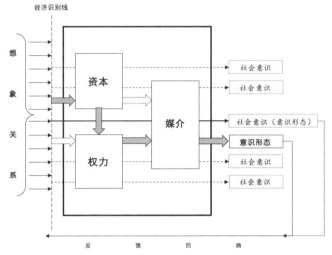

图 2-1　意识形态在传播中结构性生成

真实的关系，又存在"体验的"和"想象的"关系①。换言之，意识形态是想象关系的表达，亦即想象关系和现实关系之间颠倒的合理化阐述，这使人们无从识别现实和虚幻间的界线，反而只能在虚幻的体验中确认自己的生存状况。然而，不是任何的想象关系都能被意识形态所表述，只有那些经过意识形态传播转换环路外化的想象关系，才能成为支配个人理解其自身生存状况的"合理"体验。

（1）作为想象关系表达的"完成时"，意识形态的最终确立首先起步于其传播结构的资本要素，这是因为意识形态传播非常依赖经济资源在现实生活中的分配。流行于不同时代的意识形态，代表的都是各自时代占统治地位的经济关系，资本背后所反映的阶级利益正是推动意识形态传播的"第一动力"和物质保证，其中阶级利益正当化为普遍利益就是资本要素的主要诉求，这同样也是意识形态之所以合理存在的基本依据。

（2）普遍利益的正当化则是依靠权力要素推动的，权力对想象

① 路易·阿尔都塞．保卫马克思[M]．顾良，译．北京：商务印书馆，2010：230.

关系的政治化表达具有权威和道德的双重属性。一方面，由于权力本质上是达成某种特定目标的能力，它就可以通过控制、改变想象关系的表达领域、功能性质、潜在目的、价值站位等关键性范畴，给予某种利益诉求合理论证的合法形式，并由公共意志确认之后成为权威性主张；另一方面，权力的政治化表达容易被巧妙地以传统的道德形式呈现出来，虽然道德教化本身和政治意识形态还有所差异，但权力和道德的紧密相连让权威的政治观有了非权威性的转换渠道，部分原因就在于统治权力继承和选择了部分符合本阶级利益的道德传统。

（3）意识形态得以传播的核心问题是媒介，或者说在现代人类社会中，任何思想观念、象征形式、意义体系向意识形态的转换必须借助于媒介，才能最终成为主导社会行动的意志表达。作为技术要素的媒介，不但决定着人们对想象关系的体验方式，还更多地影响着意识形态的外化形式和诠释框架。尤其在新媒介技术迅猛发展的情势下，以媒介为中心的信息网络延伸到了日常生活的各个角落，被连接的社会空间让各种观念流动更加频繁和复杂，传统媒介时代中的时间积累和空间沉淀似乎显得不再重要，媒介对意识形态的形塑能力在时空上的爆发式增长为意识形态传播结构变迁提供了条件。

（4）代表着占支配地位生产关系的意识形态，在特定社会中执行着塑造现实、引领社会、整合动员等职能，并试图通过这些职能的行使来遮蔽现实中的社会关系。说到底，任何意识形态都不会允许异质于它的矛盾体存在，掩盖或者排除现实关系中的矛盾就突出地体现为：想象关系既是意识形态"合理"表达的资源与起点，也是意识形态在实践中反复作用的结果，它们之间形成了具有"再生产"性质的动态转换的环路。

意识形态传播实践过程的循环往复状态具有较强的稳定性，对来自技术、经济和政治领域的变化能够作出具有约束力的限制，但这不是默认它为仅有的转换规范和路径，我们必须认识到它是具有总体性特征的解释框架，其具体形式会随着经济关系（包括技术生态）的不同而发生变化。

在社会生活中的想象关系可谓无处不在，如果触及这种意象思维的实质后就会发现，其表象大抵受限于经济关系的束缚，连所谓想象力的自由发挥也难以摆脱自身生存状态的规制，此种依照自身生存背景规定的"物化"幻觉被无意识地嵌入行为主体之中，这就是在意识形态传播结构中始终存在的"经济识别线"。也就是说，循环往复运动在日常生活中实质上发生了"分裂"，想象关系在复杂的经济关系制约下形成了有别于规定转换路径的特殊环节，即意识形态传播结构中基础要素的重新排序带来的多元化循环。它意味着，某些想象关系"绕过"了一个或多个结构性要素，构成了极具特殊样态的种种"小循环"，具体后果就是广泛、差异和多样的社会意识应运而生，并潜在地削弱主导意识形态在社会中的一致性水平。一般情况下，不同传播结构之间的差异，间接地反映了不同社会意识之间的区别。例如，权力倾向的社会意识，比较注重对现实政治规范的认同和实践，而"权力—媒介"倾向的社会意识则注重政治权力在媒介框架下的搭建，以致混杂了技术因素的思考逻辑和行为习惯，成为显性规则，进而在实践上转到了以媒介（技术）经验来聚焦政治世界的常规模式。需要指出的是，意识形态传播结构中生成的社会意识并没有明晰的反馈回路，这实际上是由于它自身还不具备满足政治上相关成员的利益需求的能力，或者是主导意识形态为促进公共利益而实施了某种疏导机制和特定支持，让社会意识发挥全局性功能变得不再可能。

我们还应该看到，不同于传统社会中的任何传播形式，新媒介技术的发展增加了现代社会体系中所有文化形式的交流概率，技术功效随之成为衡量未来社会变革的重要尺度，与其说技术本身是统治阶级意识形态，不如说技术统治着意识形态本身。在特定意义上，发达的工业文化较之它的前身更为意识形态性，因为今天的意识形态就包含在生产过程本身之中①。技术对意识形态生产和分配的有效控制，实际上已经将经济、政治和技术同构化了，技术直接赋予想象关系以全部合理的表达形式，让意识形态传播结构日益扁平化、线性化、单元化，这预示着新媒介在意识形态传播实践中会变得至关重要，它对意识形态生产机制的深度介入也将加速社会秩序再生产。当然，在媒介因素参与的特殊形式里，"资本—媒介"或"权力—媒介"的互动状态似乎在挑战"资本—权力—媒介"构成的自发规范关系，但这种新动向在何种情况下才能成为现实路径？对于"资本—媒介"的传播结构来说，主要障碍在于媒介的商业化，或者说只有采取商业媒介的形式，才会让资本摆脱国家权力的绝对控制；对于"权力—媒介"的传播结构来说，能否克服利益集团在整个权力体系中的部分诉求，并在此基础上突破整体经济力量的结构性限制是必要前提，但这完全取决于相关权力结构特性、偶然性历史机遇、行动可能性空间等方面。

从宏观上看，唯物史观视野的意识形态居于社会结构的上层，其传播活动是动态社会结构关系中的构成要素，并受到社会结构制约；从微观上看，意识形态传播过程中的传播主体、传播内容、传播渠道、传播受众、传播效果又是其具体的传播形式。然而，作为思想上层建筑的意识形态，它只有在传播中才能外化为具体的信息、话语和符号，只有在传播中才能发挥其引领、说服、塑造和动员等功能，否则只能是理论的空中楼阁，无法发挥其应有功能。在此意义上，现代社会的意识形态就是传播中的意识形态，意识形态结构就是意识形态传播结构。意识形态自身的传播结构并不是既定的或必然的，而是在社会关系再生产过程中形成的，这种传播结构

---

① 赫伯特·马尔库塞. 单向度的人：发达工业社会意识形态研究 [M]. 刘继，译. 上海：上海译文出版社，2014：11.

和整个社会的结构性特征相互联系。意识形态在传播中形成了自身的结构，即由作为转换技术的媒介、作为转换资源的资本、作为转换能力的权力共同组成的具有内在关联的结构，这就是不同于宏观和微观的中观视角。其主要表现在：权力的参与主导了传播的方向和目的，资本的介入控制了传播过程的各个方面，技术在意识形态传播中的影响力逐渐显现，它不仅削弱社会权力的基础，还穿透了社会结构的框架，直接作用于意识形态传播过程，重塑了传播的空间，三者共同构成了意识形态传播结构的制约性因素，并在具体的传播活动中展现出不同的样态。意识形态传播要素之间的影响和制约，是深层动态关系的展现，这又涉及其传播功能的发挥。

意识形态传播结构的基本图示（图2-2），为我们分析纷繁复杂的意识形态传播进程提供了相对简化的认识框架，有关意识形态传播结构讨论的线索也主要集中在三大要素的规范性功能上。如果充分考虑到变化着的结构性矛盾作用下要素的多重角色，各要素之

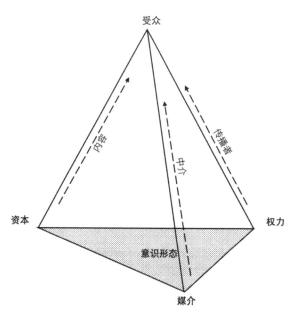

图2-2　意识形态传播结构图示

间的关系本身就是构成其存在的前提，否则任何对意识形态传播结构要素的说明只会陷入纯粹的理论假设中。此外，意识形态传播结构中的诸要素仍然会受到结构本身的管辖，为了澄清要素与要素之间相互关系的紧密程度和对应变化，需要参考意识形态传播实践过程的结构语境，以期充分地阐明它们之间所形成的均衡关系。

1. 意识形态传播结构中的资本

资本是积累的劳动[①]，当经济法则驱使着资本不断控制成本以追求利润的最大化时，技术媒介存在的价值就在于，信息产出的规模经济效果会让资本的具体化形式达到最优状态，为信息、话语和符号的生产与再生产提供巨大的经济效率，此为资本对媒介"技术价值"不断聚集的内在逻辑。在这里，经济逻辑刺激的恰好是媒介消费者潜在的信息需求欲望，它保证了资本对信息生产、分配和消费持续循环的影响，媒介在资本要素的支配下将逐渐趋向商业化，并在媒介机构的所有层面和现实情境中都将显得极为突出。考虑到媒介所有权的集中与分化完全是市场化运作，媒介机构间的并购重组、追求利润的增长、涉足多元化业务等现象就可以被解释，它经营的成功与否直接决定着其在激烈竞争环境中的生存问题，这显然与媒介兴起的工业发展模式背景如出一辙。倘若资本与媒介的契合点在于利益的实现，那么如何理解资本在媒介空间中运作的具体实践呢？布尔迪厄（Pierre Bourdieru）认为："只有在与一个场域的关系中，一种资本才得以存在并且发挥作用，……要想构建场域，就必须辨别出在场域中运作的各种特有的资本形式；而要构建特有资本的形式，就必须知晓场域的特定逻辑。"[②] 这就是说，资本对媒介的聚集，需要借助媒介自身特有的逻辑才可能实现，所谓资本

---

① 布尔迪厄. 文化资本与社会炼金术：布尔迪厄访谈录 [M]. 包亚明，译. 上海：上海人民出版社，2017：189.
② 皮埃尔·布尔迪厄，华康德. 实践与反思：反思社会学导引 [M]. 李猛，李康，译. 北京：中央编译出版社，2018：139-147.

逻辑决定性角色的维持和发挥，是需要遵循媒介场域中的具体规则为前提条件的。仔细观察媒介场域的普遍情形时就会发现，各种社会性活动业已延伸到现代传播的诸形式之中，"公共领域不再是体制行为者或启蒙者专有的地盘，而是从公民社会和大众传媒开始形成"①，媒介的嬗变与公共领域的再次兴起变得紧密相连。伊尼斯所谈到的媒介偏向恰恰凸显了技术媒介重构社会空间的巨大潜能：一是不同的观点和想法在媒介搭建的公共平台内聚集和流通，促成了公民集体行动和公共舆论的形成；二是多元利益在冲突后不得不共存的现实状况，造就了媒介实践走向专业化、工具化和规范化的发展方向。这实际上表明，资本对媒介的聚合使多元利益的竞争有了理性讨论和表达的场所，多元利益框定下的公共领域为社会共识的达成预留了想象空间。当然，所有公共问题的形成、讨论和取得共识的过程都有意识形态的叙事和诉求，媒介已然成为各种意识形态斗争的竞技场，特别是媒介在商业浸染下纷纷诉诸消费市场的多样化，意识形态被尝试以趋近于日常生活的图像、故事、戏剧影视、广告、娱乐新闻、流行音乐、文学作品等形式呈现出来，以往通过神秘姿态出现的意识形态在大众媒介中开始泛化。

2. 意识形态传播结构中的权力

权力可以被认为是某些个人或群体改变、影响、控制他人的能力。它与政治议程设置、政治决策内容、政治行动实施等问题相关，个人、群体和国家（政府或政党）在政治过程中对他人行为施加影响之时，就会产生权力。通常来说，权力运用的背后即是某个阶级实现其特定利益的客观过程，无论是权力生成、维护、再现以及如何循环往复，都是以利益概念作为前提条件的，脱离经济领域而单独论述是无法从实质上把握权力运行的整体状况的。经过权力

---

① 埃里克•麦格雷. 传播理论史：一种社会学的视角 [M]. 刘芳，译. 北京：中国传媒大学出版社，2009：167-168.

表达出的观念世界才是优势资源塑造出的现实图景，即便是某些个人或者群体提出了与盛行观念不同的观念，对它们的认识也要从现实的经济利益中寻找线索，它们或者是反映了社会主导力量的新情况，或者是不具有主导性质的社会思潮。马克思就曾明确指出："……政治运动，即目的在于用一种普遍的形式，一种具有普遍的社会强制力量的形式来实现本阶级利益的阶级运动。"① 于是，观察研究意识形态传播结构中的权力，就需要考虑下述明显的事实：权力合法化了不同利益群体在象征性观念领域相互作用所产生的结果，通过对那些有利于统治阶级的观念的合法化，想象中的真实关系被权力以绝对规范的形式确定下来，使反映优势资本的结构现象具有了意识形态层级的意义。不过问题是，人们并不清楚象征性观念是在权力影响下自己赋予自己的，反而相信它是由自身经验观察而来的、不证自明的认知体验。在这里，权力是"借助于（through）"个人而不是"反对（against）"他们来起作用的，并且它有助于构建（constitute）那种同时是其传播媒介的个人②。

3. 意识形态传播结构中的媒介

媒介或者说是大众媒介，无疑是意识形态传播最重要的载体、手段和形式，没有媒介作为中介的意识形态，无异于漂浮的"空中楼阁"，无法加以外化并发挥其应有的功能，判断特定媒介的运行逻辑和制度的实践向度，就成为理解媒介和权力关系的主题。实际上，现实中的"媒体从本质上说就不是一种中立的、懂常识的或者理性的社会事件的协调者，而是帮助重构预先制定的意识形态"③。要理解意识形态传播，就必须理解权力是如何透过媒介在有意无意

---

① 中共中央马克思恩格斯列宁斯大林著作编译局. 马克思恩格斯选集：第 4 卷 [M]. 北京：人民出版社，2012：498.
② 史蒂文·卢克斯. 权力：一种激进的观点 [M]. 彭斌，译. 南京：江苏人民出版社，2012：84.
③ 托伊恩·A. 梵·迪克. 作为话语的新闻 [M]. 曾庆香，译. 北京：华夏出版社，2003：12.

间将特定意识形态普遍化，并借以维护统治阶级政治合法性和相应价值观取向的行为。当然，对于不同的政治体系而言，权力对媒介制度的规制存在着明显的差异，对媒介角色、媒介责任、媒介政策和媒介所有权的认识也大相径庭，加之各自的经济状况、历史传统、社会环境等复杂性因素叠加，政治语境下的媒介体制在某种程度上以迥然的运行逻辑呈现出来。其中一部分原因在于各国的政治制度向媒介实践的内生转移，但实则这种情况是政治与媒介两重逻辑下共生的产物，也是跨文化差异带来的巨大鸿沟。同时，纵然政治领域的制度性力量拥有对媒介的有效管治，可是技术媒介的崛起对政治实践和公共问题的影响已经超越了单纯的技术形态，表面上靠近"物质"的媒介逐渐趋近于和政治权力平行的层级，这种在媒介实践中形成的权力构成了政治语境中的新维度。按照麦奎尔的说法，对媒介权力模式的讨论，通常以主导和多元两种对立的形态呈现出来，前者被认为是由统治阶级或者精英主导，后者则在多元利益团体的竞争中显得相对自由和独立[①]。不过，意识形态传播结构中的媒介权力的生成与运作，并不必然归类于上述两种理想型模式，而是兼具制约性和能动性。要知道媒介权力之于意识形态而言是基于媒介意志的渗透，即权力在借由媒介争夺权力的过程中，媒介意志转化为客观的行动能力，媒介权力在政治实践中形成，同时也反作用于生成这个权力的规则和资源。它为现有的政治生活带来一定的变化，比如它扩展了占统治地位的话语表达空间、规范了其话语结构要素以及话语秩序等，所有的这些改变都体现出了媒介权力对于意识形态传播的建构性作用。

---

① 丹尼斯·麦奎尔.麦奎尔大众传播理论[M].崔保国，李琨，译.北京：清华大学出版社，2010：70.

任何传播过程都需要通过媒介才能实现，信息流动的日益加快不但使传播媒介数量增加和技术更迭，媒介承载并传递信息的重要功能也促使它成为社会发展过程中的重要力量。作为转换技术的传播媒介，其"转换"在于它赋予的意义导向，其"技术"在于它赋予的符号性质。媒介在特定传播实践中的具体化组合形态和意义角色是理解意识形态传播技术之维的重要内容，意识形态传播在时空中的重构和变迁就是在这种转换技术的更迭中不断地调整和重组。

3.1　作为转换技术的媒介

3.1.1　媒介的内涵

媒介或传播媒介具有多重含义，它既可以指传播的工具特性（如传统口头语言、印刷媒介、电子媒介、数字媒介），也可以指传递信息的中介或者主体（如通讯社、报刊社、杂志社、广播电台、电视台和互联网站等），前者突出了信息流通手段中的技术层面，后者则表现出某种传播特性承担者的社会层面。

从历史的角度看，在人类出现后的漫长岁月里，非语言的交流方式，诸如手势、姿态、声音模仿等，曾经帮助人类祖先克服了许多险阻，但生存处境的艰难使他们不得不采取群居的生活方式，这期间的共同劳动经历就成为语言历史演进过程中的重要场景，文字、纸张、印刷术等媒介接连出现也自然变得合乎传播历史发展的内在逻辑。学者伊尼斯（Harold Adams Innis）就曾经断言，每一种新媒介的长处，将导致一种新文明的诞生[①]。追溯历史，在古代传统社会，口头语言和书写文字代表了精英阶层控制社会的两种主要模式。希腊强大的口头传统曾带来文学艺术领域的繁荣，像神话、诗歌、戏剧、祭神仪式等领域都获得长足发展；同时，希腊文化的"口头传统"[②]将智者们丰富的思辨哲学智慧有效地传承了下来，如柏拉图借助少年苏格拉底（Socrates）和老年门巴尼德（Parmenides）之间的对话揭示了自己"分有"说面临的困难[③]，等等。和关注视觉传统的帝国相比，希腊"口头传统"的活力在于，它普遍观照到人与人之间的互动，客观上促进了希腊社会内部的团结和民主生活的兴起。人们可以凭借对话、演讲、辩论展开广泛的交流活动，免于受到来自知识垄断阶层或机构的权力支配，因而希腊文明是一种建立在共同体基础上的"灵活的文明"[④]。不同于"口头传统"，书写文字在帝国疆域管理中的实际功效让君主制的政治权威得以强化，这同样也促进了文明的进步和历史的发展。在古罗马帝国，官僚机构的发展，以及它对广袤国土进行行政管理效率的

① 哈罗德·伊尼斯. 传播的偏向 [M]. 何道宽，译. 北京：中国人民大学出版社，2003：28.
② 哈罗德·伊尼斯. 传播的偏向 [M]. 何道宽，译. 北京：中国人民大学出版社，2003：2.
③ 赵敦华. 西方哲学简史 [M]. 北京：北京大学出版社，2012：55.
④ 哈罗德·伊尼斯. 传播的偏向 [M]. 何道宽，译. 北京：中国人民大学出版社，2003：7.

提升，有赖于一种产自埃及尼罗河三角洲的莎草纸的供应，同时催生了围绕这种新传播介质的行政管理系统；而在古代印度，婆罗门阶层对知识的垄断建立在"口头传统"之上，这种传播的局限，导致了佛教的流布，因为它强调的是文字，而且对下层阶级有吸引力①；在中国，活字印刷术的发明，为印刷书籍的批量生产提供了可能，让知识得以广泛传播、思想得以深入交流、文化得以较好传承；在中世纪的欧洲，古登堡（Gutenberg）对金属活字印刷术的发明创造，促进了公共教育的普及和公民文化素养的提高，当教会对信仰和知识的垄断随之被摧毁后，取代它的则是资产阶级思想的传播和现代民族国家的兴起。

　　如果说印刷媒介催生出了近代社会，那么大众传媒的兴起就是"推动现存社会、政治、宗教和文化秩序变革的重要力量"②。北美大陆一直是欧洲诸国拓展疆界的核心地区。"伦敦—殖民地"之间的商业、贸易、信息传播路线，即是英帝国维持对北美霸权地位的生命线。这个横跨大西洋的传播通道，倚重的是印刷术和航海业的联姻，前者可以带来高效集中化的行政管理和信息传输，后者则促使宗主国中心地位进一步加强。经过独立战争，美国也跻身至电子工业时代各国的全面竞争中，其"凭借机械化的传播系统和组织力量，支撑起一个新型的帝国主义"③。被称为"工业的神经"④的电报系统，经过"内地进步"⑤运动得以将美国东西海岸连接起

---

① 哈罗德•伊尼斯. 传播的偏向 [M]. 何道宽，译. 北京：中国人民大学出版社，2003：38-40.
② 查尔斯•斯特林. 大众传媒革命 [M]. 王家全，崔元磊，张祎，译. 北京：中国人民大学出版社，2014：6.
③ 詹姆斯•凯瑞. 作为文化的传播："媒介与社会"论文集 [M]. 丁未，译. 北京：中国人民大学出版社，2019：136.
④ 詹姆斯•凯瑞. 作为文化的传播："媒介与社会"论文集 [M]. 丁未，译. 北京：中国人民大学出版社，2019：180.
⑤ 詹姆斯•凯瑞. 作为文化的传播："媒介与社会"论文集 [M]. 丁未，译. 北京：中国人民大学出版社，2019：137.

来，这是美国作为新兴资本主义大国崛起的象征，纽约也进而取代伦敦成为北美贸易与信息流动的中心。在这之后，美国通过电报讯号、运河和横跨大陆的铁路干线，将全国性商业活动整合在同一向度内，产生出伊尼斯强调的对空间的持续垄断和控制。诸如电报、电话、电影、广播、电视等大众媒介都是"空间偏向"[①]的电子媒介形态，其特点是传播对象的规模广泛、传输信息量庞大、传播者和接受者之间地位不对等、专业化或机构化的传播框架运作等[②]。尽管它们在形态上有所不同，但对于我们理解和思考外界生存环境，尤其是情感经验、社会心理、文化习俗、思想观念、价值理念的建构和传递，以及凝聚社会成员共识和集体行动都具有重要意义。我们的世界渐渐变得像"地球村"一样，这是麦克卢汉（Marshall McLuhan）笔下对21世纪初期电子媒介促成世界的形象的描述，电子大众媒介以空间消灭时间的方式，广泛地将人与人联接在媒介界面，人类社会因而加速从传统社会向现代化社会转型。

自20世纪70年代初中期，发源自美国的网络运动，带来数字化的媒介形式——互联网[③]。一方面，互联网极大地促进了自由贸易和跨国资本的流动，这几乎是一种重塑国际政治经济秩序的新型组织形式。这是由于：①数字网络的特殊链接结构，使国家之间的物理国界变得愈加模糊，它在弱化各国既有管辖和权力行使的同时，使跨境资本流动的自由度得到空前的强化；②这种新结构，将世界各国的资本、技术、人才和生产整合至跨国资本的运作机制中，跨国公司成为维持数字资本运作的基本组织；③互联网名称和数字地址分配机构（ICANN）和威瑞信（Verisign），成为全球互联网关键资源的主导者，其实际运作却受到美国国内法和商务部的约束，

---

① 哈罗德•伊尼斯.传播的偏向 [M].何道宽，译.北京：中国人民大学出版社，2003：27.

② 丹尼斯•麦奎尔.麦奎尔大众传播理论 [M].崔保国，李琨，译.北京：清华大学出版社，2010：45-48.

③ 丹•席勒.数字资本主义 [M].杨立平，译.南昌：江西人民出版社，2001：13.

由此即形成了以美国为核心的数字网络资源分配格局。另一方面，和传统媒介相比，以互联网为代表的新兴媒介更像是技术融合后的综合体，它在成功实现商业化后，迅速风靡到了全世界范围，在线消费、网上娱乐、网络社交等新式生活方式，使人们摆脱了时间和空间的物理束缚，其去中心化、去地域化、去物质化属性让政治、经济、文化等诸关系得以重构，使我们进入数字时代。作为社会力量资源的数字媒介，使我们的日常生活发生了数量级改变，也把我们带到"媒介洪流"之中，各类海量的超饱和信息、让人应接不暇的资讯逐渐侵蚀了公众的"质量时间"。地域经济和自然禀赋差距所导致的互联网资源占有不平衡还在持续，以疆域为分界的互联网治理结构仍然还是主流，对此我们还要抱有审慎态度。

此外，大众媒介机构①更迭也促成了大型媒介组织（机构）的产生及其多样化。"媒介组织是在其特定的'范畴'中运作的，并求取整个生存环境。而且在其中，媒介组织也的确应该有某种程度的自主性。"②如作为知识生产工具的国家或政治组织、作为制度化媒介产物的信息舆论机构、作为政治媒介化中介的商业媒介组织以及作为异质化社会景观的社交网络平台。而后三种形态的传播机器机构化特征明显，在现代社会传播和知识再生产方面具有普遍效应。

简言之，任何传播过程都需要通过媒介才能实现，信息流动的日益加快不但使传播媒介的数量增加和技术更迭，媒介承载并传递信息的重要功能也促使它成为社会发展过程中的重要力量。

---

① 大众媒介机构泛指媒介组织及它们的活动，以及机构内部正式或非正式的规章和社会所要求的法律和政策。参见：丹尼斯·麦奎尔. 麦奎尔大众传播理论 [M]. 崔保国，李琨，译. 北京：清华大学出版社，2010：48.

② 丹尼斯·麦奎尔. 麦奎尔大众传播理论 [M]. 崔保国，李琨，译. 北京：清华大学出版社，2010：225.

3.1.2　媒介与传播技术

传播媒介形态的演进，与意识形态在历史发展进程中的"宏大叙事"普遍地联系着，不同的传播技术在塑造人类行为和社会情境的同时，也在制造审视我们自身的"思想工具"和"认知图示"。借用伊尼斯的"泛媒介观"来看传播技术的特征，意识形态传播技术的发展史可以被划分为三个时期，即以纵向时间为主的地域化传播时期、以横向空间为主的区域化传播时期、以时空压缩为主的全球化传播时期。

当我们把传播技术演化及其范式转移放置到对时间和空间的特别体验中考察时就会发现，语言和文字的产生在整个人类文明史中的标记意义深远地影响了我们生活的整个领域，人们通过它冲破了时间带来的"非连续性"和偶然性，从蒙昧的原始状态苏醒过来，并进入了知识和文化史的起点时刻，其所开创的意识形态地域化传播时期由此展开。在观念的世界中，骨片、石头、黏土物、木器等早期象征物所承载的意义使得我们超越了具体的经验世界，让思想过程能够被记录、保存和传承下来，这种媒介物的数量不断增加，将群体间的交流活动推进到了意识形态传播的纵向意义上。虽然我们无从推测早期人类结绳记事的思想图谱和洞见，但可以确定的是他们努力将信息、思想和情感等智慧的表象忠实地演绎出来。同样，文字作为象征物的继承者使"口头文化"得以明确记载，且将意识形态传播技术推向以横向空间为主的区域化传播时期。在西方，拼音文字的大量出现满足了人们在日常交往活动中日益频繁的社会需要。如希腊人借助精妙的文字让他们有条件获得了寻求民主的手段，繁荣了诗歌、哲学、戏剧等文化活动，促进早期自然科学的诞生和兴盛；在东方，以汉字为代表的象形文字，其富有创见的视觉效果为统一国家文明的形成提供了重要的前提和基础。随着地理大发现和工业革命的兴起，意识形态传播在时间和空间中遍及世界范围，人类世界通过现代化的大众传播手段（如互联网、卫星通信和光纤技术）真正走向了全球化传播时代。这种从旧式传播技术演变而来的新式传播技术，其最显著的特征就是对时间和空间的压缩和稀释。任何抽象的思想传播都需要以时间和空间作为参照系，人类意识的感知尺度在于距离、在于时刻、在于时空赋予我们的独特体验，信息、话语和符号的自由流动让我们不再徘徊于物理边界束缚，或者更确切地说，人们通过传播活动进入了新的赛伯文化时代。在全球化传播时代，意识形态迁移[①]的速度和范围与传统媒介相比会变得更加频繁和集中化，这也反过来加速了意识形态传播在时空中的重构和变迁。

3.2　媒介的结构性定位

传播媒介的结构性定位是指媒介在特定传播实践中的具体化组合形态和意义角色。在媒介研究的文化领域，学者詹姆斯·凯里（James W. Carey）在对比有限效果论和文化研究之间的异同后，将它们区分为传递视角和仪式视角两种不同的认识方式。他认为，传递视角下的大众传播是"出于控制的目的远程传递信息的过程"，而仪式视角则把大众传播看作"不是指向信息在空间中的扩展，而指向社会在时间上的延续；不是一种对信息的告知，而是对共有信仰的表征"[②]。类似地，威廉斯也视文化为人类实践活动

---

① 阿帕杜莱认为全球性文化潮流有五种，他确认了其中的四种，即种族迁移、技术迁移、金融迁移、意识形态迁移。参见：黛安娜·克兰. 文化生产：媒体与都市艺术 [M]. 赵国新，译. 南京：译林出版社，2012：165.

② 斯坦利·巴兰，丹尼斯·戴维斯. 大众传播理论：基础、争鸣与未来 [M]. 5 版. 曹书乐，译. 北京：清华大学出版社，2014：230-231.

的组成部分，其"超感结构"概念即是强调了人类感知自身全部生活形态的经验性体验，况且"人们的心灵是由他们的整个经验所塑造的，没有这种经验的确认，即使是最巧妙的资料传送，也不能被传播"①。由此看来，仅仅将传播媒介界定为技术现象，进而拒绝与整个社会进程中的共同体条件联系起来，这势必会阻隔意识形态与传播媒介之间的实践桥梁。至少从结构的角度看，传播媒介为意识形态在国家、社会和公众间可持续"外化"提供的技术和条件，不可能是"悬隔"了解释框架的精巧技艺，只能被理解为与意识形态传播"鲜活经验"密切相关的"转换技术"。一方面，意识形态领域涉及的传播媒介既离不开物质存在规定的现实世界，亦没有超越现实对象的潜在可能，现实和虚幻地颠倒在意识形态表述的想象关系那里，实为被传播媒介以固定化实践形式转换的现实过程；另一方面，媒介技术特性归因于在传播结构中的定位，其发展过程并不是按照既定的逻辑逐渐显现出来的，反而是在各种社会力量主导下同利益关系协调后的妥协结果。再者是，传播媒介本质上是社会化的产物，或者说"自然的或社会的环境"形塑了传播媒介。

人身上有两重存在：一个是个人存在，它以肌体为基础，其活动范围受到很大限制；另一个是社会存在，它代表我们通过所见所闻所能习得的道德和智力方面的最高现实性——我指的是社会……只要个人属于社会，他就要超越自己，无论是在思考的时候，还是在行动的时候，无不如此。②

---

① 雷蒙德·威廉斯．文化与社会 [M]．吴松江，张文定，译．北京：北京大学出版社，1991：391-392．
② 阿瑟·伯格．媒介分析技巧 [M]．3版．李德刚，何玉，董洁，等译．北京：清华大学出版社，2011：84．

杜威（John Dewey）认为，社会不仅是由于传递、由于传播而得以存在，而且完全可以说是在传递、传播之中存在着①。国家、社会和个体均产生于相互之间持续不断的互动和交流，否则很难想象诸如社会规则、道德规范、文化规定等社会性事物的出现。通过传播媒介这个中介或场景，具有"集体表征"意义的意识形态才能得以生产、流行、维持和转化，自我与他人之间的意义转换，或者说有效的传播也就形成了社会的基本过程。总而言之，作为意识形态转换技术的传播媒介，其"转换"在于它赋予的意义导向，其"技术"在于它赋予的符号性质，施拉姆"传播是社会的基本过程"②，回答的也正是这个问题。

3.2.1　媒介结构描述

意识形态传播中的媒介结构是具有特定结构和社会效果的现代信息传输体系，由传播者、传播内容、传播中介、传播受众和传播效果五个要素构成，这是拉斯韦尔在 1948 年提出的较为科学完整的传播结构模式。

对于媒介结构中的传播者来说，国家（政府或政党）在意识形态传播活动中始终处于主导地位，由于其具有调整社会成员之间权力制约关系的功能，为提高自己的支配地位与分配能力而试图通过意识形态传播来体现政治意志，进而实现社会政治稳定。比如说，能否有效地实施信息处理与控制，能否为科学的决策活动提供基本信息，能否让社会成员更多地认识和理解政府行为等，都与意识形态传播者息息相关。对于媒介结构中的传播内容来说，表征意识形

---

① E.M. 罗杰斯 . 传播学史：一种传记式的方法 [M]. 殷晓蓉，译 . 上海：上海译文出版社，2012：160.

② 丹 • 席勒 . 传播理论史：回归劳动 [M]. 冯建三，罗世宏，译 . 北京：北京大学出版社，2012：190.

态的信息、话语和符号是对现有政治实践合目的性与合规律性的概括。特别是政治话语在意识形态传播中的再造与改变始终与权力关系密切相关，加之话语秩序所内含的规则和习俗往往和使用者的社会地位和身份相联，人在意识形态话语的规训过程中逐步成为对象化的存在，反过来促使意识形态所隐喻的观念体系更倚重于话语的生产、分配和消费过程。对于媒介结构中的传播中介来说，实际上就构成意识形态传播结构技术因素中的媒介组织和机构，包括出版商、杂志社、报社、广播电视台、电影公司以及互联网企业等，它们都不同程度地扮演着把关人和规制者的双重角色，发挥着个人领域与公共领域沟通联系的桥梁作用。对于媒介结构中的传播受众来说，它既是意识形态传播的终点，也是传播效果的最终体现者。在大众传播时期，受众概念的内涵更多地指向了"大众"，已经远远超越了早期人们所认为的"特定地点的实体人群"的范畴，"魔弹论"里对受众"被操控和被控制"的界定已然无法解释新媒介环境中分化受众群体的形象[1]。事实上，无论是从受众的行为还是从受众的角色上来看，媒介受众具有明显的公共特征和私人特征，即受众群体是集体意识和角色意识的混合体。对于媒介结构中的传播效果来说，意识形态传播活动致力于能够维护统治阶级的权力关系，同时又能为社会成员提供共同享有的社会规范。可是，新媒介技术的出现所带来的对社会制度体系的冲击，意味着传播者、传播中介和传播受众之间关系的重新确立。尤其是意识形态传播在面临"不确定多数"的情况下，如何维持其主导地位就变成——在多元文化社会所带来的价值多样化事实下，社会成员在思想和行动上的共同规范如何建构和达成。

---

① 丹尼斯·麦奎尔. 麦奎尔大众传播理论 [M]. 崔保国，李琨，译. 北京：清华大学出版社，2010：324.

3.2.2 媒介的功能

在传统的媒介功能分析范式中，不同的传播学者都给出了自己的理解，如拉斯韦尔的"三功能说"、赖特的"四功能说"以及施拉姆的"四功能说"，等等。以赖特对传播功能的探讨为例，他认为监视环境、联系社会、文化传承和提供娱乐是大众传播对社会起到的基本功能。但他这样写道：

这一传播活动的四重奏本来是指普通的活动类型，这些活动可能或可能不作为大众传播或者私下的人际传播而展开。这些活动与功能并不同义，功能……指的是在大众传播的制度化程序下日常进行的传播活动的后果。[①]

赖特在这里实际上想表明，媒介功能的预期效用和实际效用之间并不存在严格的对应，有时候甚至会出现诸如"无功能"和"反功能"的结果。如果我们回溯功能主义文献时就能够发现，几乎所有的媒介功能分析范式都假设媒介功能的普遍存在，并强调大众媒介对于社会的影响和作用。其实，就像拉斯韦尔在其著作——《社会传播的结构和功能》中说的那样，结构和功能是作为"参考框架"而存在的，假使我们根据功能来描述意识形态传播，必然是目的论的。但现在问题是，意识形态传播中的媒介究竟有没有功能？如果有，是什么？由于媒介对于意识形态传播来说至关重要，如果不从功能的观点来看这些媒体，则这些作为分析工具的媒体，其厘清和使用是无法想象的[②]。默顿认为，"如果暂时忽略这些明确的目的，就

---

① 斯坦利·巴兰，丹尼斯·戴维斯. 大众传播理论：基础、争鸣与未来 [M].5 版. 曹书乐，译. 北京：清华大学出版社，2014：252.

② 帕森斯，默顿，等. 现代社会学结构功能论选读 [M]. 黄瑞祺，编译. 台北：巨流图书公司，1981：121.

会使观察者的注意力朝向另一个方面的后果"①，通过对显性功能（可预期的、有意图的）和隐形功能（无预期的、无意图的）的区分和判别有助于客观地观察某种社会现象，更能使观察者澄清对不合理现象的分析。也就是说，需要我们更加关注意识形态传播过程中媒介可能带来的潜在后果，需要我们重新审视媒介时代的意识形态传播中的媒介功能。具体而言，从意识形态传播媒介的显性功能看，技术媒介的迅速发展和普遍应用，为意识形态提供了新的运作场所和传输渠道，使它获得了时间和空间上的释放，使意识形态的象征形式能够传输到广大的潜在受众。从意识形态传播中媒介的隐性功能看，社会性力量借助技术媒介拥有了更多的表达权和参与权，意识形态所隐喻的权力关系在新媒介中被压缩并逐渐趋于分散。此外，意识形态传播中媒介功能发挥的基础在于，技术媒介在传播活动中是否满足了传播者特定目的和受众的多元需求。至于这种有效传播对生产、维持和再现意识形态能够起到多大的作用，归根结底取决于媒介所提供的信息、话语和符号在受众那里的转换程度和效果。

3.3 媒介运行的逻辑

波兹曼就曾视媒介为隐喻，指出媒介的独特之处就在于它以极为隐蔽的方式影响着我们思考和认识世界的过程。的确，随着大量传播技术的出现，媒介逐渐成为人类社会活动中不可或缺的部分，人与媒介之间的互动方式跨越了时空，已然成为我们理解自身境况和外在世界的重要渠道。

---

① 罗伯特·K.默顿.社会理论和社会结构[M].唐少杰，齐心，等译.南京：译林出版社，2015：118.

　　在 20 世纪初，一场由"黄色新闻"[①] 引发的媒介改革运动，促使人们思考媒介或者媒介机构在现代社会中的角色和责任。当然，这场围绕媒介的深入讨论有着深刻的社会背景，即大众媒体展现的社会性力量开始危及到了封建专制势力的统治，同时由它引起的道德问题给社会带来了很多不良影响，诸如暴力暗示、虚假新闻和低俗内容等。人们反复思考媒介责任和义务，其出发点就在于，媒介行为事关社会成员的公共利益，媒介必须承担起维护社会公平正义、捍卫社会价值的责任。因此，关于媒介社会责任的讨论就延伸到对整个媒介机构组织、媒介从业者的社会责任的探讨。随着相关讨论的不断深入，媒体的职责范围、公共服务的提供和识别、解决社会问题、保护消费者不受侵害、应对和化解社会危机[②] 等问题被逐渐地聚焦起来，开始成为媒介与社会关系研究中的主要议题。其中，最著名的理论成果当属 1947 年美国新闻自由委员会发表的研究报告《一个自由而负责的新闻界》和霍金（William Ernest Hawking）的著作《新闻自由：原则框架》，它们反映了社会责任论的绝大部分思想，即为政治制度服务，提供有关公共事务的信息、观点和讨论；启发民智，使之能够自治；监督政府，保障个人权利；为经济制度服务，利用广告沟通买卖双方的商品和服务；提供娱乐；保持经济独立，不受特殊利益集团的压迫[③]。

　　一定程度上，社会责任论触发了媒体对自身专业化发展和伦理原则的重新认识和定位，真实、理性、客观和公正的价值导向不仅改善了媒介内在发展逻辑，也使媒介拥有了影响、制约和支配社会发展和进步的潜在力量，也就是被称为"第四权力"的媒介权力。

---

① "黄色新闻"是用来描述 20 世纪初美国新闻业盛行的一种报道方式，即用极度夸张及捏造情节的手法渲染新闻事件。
② 斯坦利·巴兰，丹尼斯·戴维斯. 大众传播理论：基础、争鸣与未来 [M].5 版. 曹书乐，译. 北京：清华大学出版社，2014：102.
③ 弗雷德里克·S. 西伯特，西奥多·彼得森，威尔伯·施拉姆. 传媒的四种理论 [M]. 戴鑫，译. 北京：中国人民大学出版社，2008：62.

起初，媒介权力只是围绕媒介组织、媒介从业者和经营者展开的，他们积极地为公众提供真实完整的信息、为公共讨论提供场所、为公共秩序提供支持；后来，媒介渐渐成为公民表达自身权利的重要渠道，自由且充分地拥有和使用媒介，让媒介权力的内涵发生了转变，即媒介权力成为公民权力的延伸和拓展。因此，对意识形态传播中媒介权力的观察和认识，就需要将传播者、传播媒介和传播受众三者置于整个传播过程中，来考察和分析媒介权力在意识形态传播中的运行逻辑。对于意识形态传播来说，媒介权力的运作和实践主要表现在以下两个方面。

第一，国家（政府或政党）、社会组织、普通民众构成了多元化传播主体，共同成为意识形态的传播者、言说者和阐释者。在新媒体出现之后，由传统媒体垄断的信息控制格局被打破，技术赋权改变了受众在信息流动中的末端地位，受众从而不再是简单的意识形态接受者。他们通过数字革命带来的网络社交方式革新，更积极主动地参与到意义的感知、分享和表达之中。同时，传统媒介在社会关系空间中的行动和控制能力日趋弱化，其在信息资源生产和配置上的优势地位受到明显挑战，这就促使传统媒体不得不改变现有的运行模式，增强自身在意识形态建构中的竞争力。如前所述，国家（政府或政党）仍然是意识形态的权威性传播主体，只不过新技术传播生态为公众提供了不同于以往的传播渠道，让个人有机会直接参与到意识形态传播的进程中，这实际上极大地增加了意识形态的传播效果，因为自上而下的意识形态传播往往忽略了受众的感受和需求，只有受众主动地参与到其中才会形成强大的传播合力，才能让意识形态影响力深入人们的日常生活中去。

第二，意识形态传播同媒介技术的关系变得更加紧密，或者说它越来越倚重于媒介权力及其运行机制。从总体上看，意识形态被认可和被接受的前提是它必须可传播，只有经过编码的意识形态形式才能和受众的解码联系起来，脱离了媒介的意识形态则只能是纯粹的理论而无法发挥作用。在早期，意识形态受到技术手段的限制，只能在特定的地域范围和人群中传播，其构建和维护的权力关系也就相对稳定，但它的规模和影响力还是远远无法超越时间和空间带来的物理阻隔。不同于以往任何时代，以互联网为代表的新媒体扩展了意识形态运作的范围、领域以及层次，传播生态环境的改变，使原有表征意识形态的话语体系、象征形式和意义符号的吸引力和感召力大大削弱，间接引发了意识形态传播结构的变革。也就是说，新媒介在意识形态传播中的角色和地位变得比以往更加重要，新媒体运作机制在意识形态传播中愈发明显，情境叙事、互动沟通、虚拟现实、即时交流、分众传播等新媒体传播方式已经深深地嵌入了意识形态传播中，让意识形态有了新的传播形式。当然，传播生态改变给意识形态传播实践也带来负面影响，如新媒介传播中的娱乐化、戏剧化、故事化的叙事手段削弱了意识形态对意义的建构能力，让人们无暇顾及意识形态所内含的价值观念和意义体系，深深地坠入消费主义营造的意义世界中，客观上导致意识形态传播效果的减损。

由此来看，媒介权力的运作和实践在催生了多元化传播主体的同时，还将其运行机制附着在意识形态传播过程之中，前者是媒介权力在传播主体上的实践结果或产物，后者则是媒介权力运作的机制化过程。但媒介权力的运作和实践不论如何，都是经由意识形态传播中媒介运行的逻辑而展现的。一方面，媒介技术的发展让意识形态趋向扁平式传播，削弱了传统权力结构的等级化秩序。在没有技术媒介因素的介入下，权力可以通过暴力、强制、教化等手段来影响社会的价值构成，或者是通过权威来统摄价值观念发挥的范围、渠道、手段和效果，从而产生对意识形态及其客观化基础的有效影响和控制力，这就是权力获取、生产和分配意识形态及其客观化基础的"固定轨迹"。尽管权力的传统等级结构具有天然排他性，但制约权力的技术因素依然会对它作出限制，还可能在特殊情况下剥夺它在意识形态传播中的主导权。这是因为，合法权利的分配能否顺利进行，往往取决于生产力的发展（权力的物质基础）和生产关系的适当性（权力的社会基础）两方面。当两者处于相对稳定状态时，最容易发生变化的方面就是技术变革带来的生产力发展，或者说权力的物质基础的技术构成变化表现得最为活跃。过去，作为知识引擎的印刷媒介挑战的是教会对知识和信仰的垄断；现在，作为社交工具的新媒体成为社会关系网络的延伸。意识形态在这个新界面的传播方式变得更加动态和灵活的同时，受众也在脱离了有限地域和位置的束缚之后走向"无固定场所"的空间序列里，这引发了意识形态社会运用条件的根本性变化，即随着意识形态的运用场景越来越依赖于新媒介，意识形态传播的层级结构现象逐步消极，开始趋向以"去中心化"为特征的扁平式传播秩序之中。另一方面，媒介对经济行为的配置产生了维持现实社会秩序的后果，弱化了意识形态再生产的合理性。媒介经济同其他的经济活动相类似，其实际运作过程依然要受制于社会文化体制，其中特定的媒介体制对它的影响尤为突出，并且集中表现在媒介市场结构、媒介市场类型以及媒介市场规模等方面。按照媒介体制的运行方式，可以将媒介经济模式划分为计划经济、市场经济和混合经济模式三种。不同的运行模式在对经济行为的配置问题上存有显著的差异，它们或者强调媒介的政治逻辑，或者强调媒介的市场逻辑，或者强调媒介的技术逻辑，其实都是对现有媒介体制的维护或者解释。对于媒介运转的制度性背景来说，新技术的出现或是变革现存秩序的外来力量，或是成为主导媒介体制技术化的基础，这取决于新技术能否超越现存媒介体制下的结构性规则。通常情况下，媒介对现实社会秩序的维持隐含着强化社会规则的功能，在这个意义上的意识形态再生产只是对既有价值和思想观念的"反复演绎"，失去了对外部环境的系统调适和监控。如此，意识形态传播的悖论就浮现出来，作为履行生产关系再生产的意识形态，借助的是社会经济制度在媒介体制层面的运行，一边是权威性价值和思想观念在统治秩序中的再现，一边是配置性资源和规则在经济环境中的建构，二者叠加之后就是现有意识形态走向空心化的过程。

第4章
意识形态传播的经济之维：资本的结构性定位

资本是推动和维持意识形态传播运行的重要结构性力量，意识形态传播的主体就是凭借这个力量将想象关系资本化，进而经由权力和媒介让意识形态的生产和再生产得以循环运作。在现实的经济社会中，资本扮演着不同的角色，也就相应发挥着不同的作用和功效。具体到意识形态传播中，资本却是作为转换资源出现的，这就决定了它有着自己独特的结构定位和功能表征，即资本是服务于统治阶级利益实现的，它在促使现实生产关系转换到传播领域时，主要为统治阶级意识形态的合法性提供经济合理性支持。

4.1 作为转换资源的资本

4.1.1 资本的释义

在古典经济学家那里，资本被认为是构成生产的基本要素（其他的还有劳动和土地要素），并且是以物质形态出现的，如商品、货币、机器厂房、原材料等"实物"资产，而凭借资本获得的增值部分则被称为利润，其对资本的理解和分析也仅仅止步于它的物质性，这种资本观在历史上曾经长期存在。

不同于前者，马克思对资本的考察已经深入了这种"物"性背后，找到了掩盖在物质性表象下资本的本质。他认为，资本是一种社会关系，是特定历史阶段发展的产物，构成资本的生活资料、劳动工具和原料等都是在一定社会关系下才能生产出来的。"黑人就是黑人。只有在一定的关系下，他才成为奴隶。纺纱机是纺棉花的机器。只有在一定的关系下，它才成为资本。脱离了这种关系，它也就不是资本了，就像黄金本身并不是货币，砂糖并不是砂糖的价格一样。"①在马克思那里，作为社会关系的资本，是理解资本主义经济运行方式的核心概念，但对它的批判却是由劳动开始的。由于任何商品都是由劳动者生产出来的，商品的价值源泉必然出自劳动者的劳动，剩余价值的产生也归因于此，当资本家以工资形式支付劳动价值，劳动的价值被劳动力的价值所替换时，价值增值的过程也就随之被遮蔽了。接着，商品通过交换转变为货币，货币又作为资本投入再生产之中，并在生产资本、商品资本、货币资本三种形态中循环出现，最终成为支配整个资本主义生产方式的决定力量。由此看来，价值增值是资本的唯一目的和归宿，资本的逐利本性不断地驱使着资本家追逐剩余价值，使得资本在反复循环过程中不断积累，它既创造出了资本主义社会，也敲响了资本主义制度的丧钟。

在这之后，资本研究者大都致力于运用马克思关于资本的观点来分析资本主义的新情况，如希法亭（Rudolf Hilferding）对金融资本的研究，布尔迪厄对文化资本和社会资本的剖析，卢森堡

---

① 中共中央马克思恩格斯列宁斯大林著作编译局．马克思恩格斯选集：第1卷 [M]．北京：人民出版社，2012：340．

（Rosa Luxemburg）论资本积累，哈维（David Harvey）对后现代社会中资本逻辑的探讨，等等。布尔迪厄就认为，对资本问题的讨论要同它特定的场域结构相联系，或者说，资本正是行动者在占有了某种形式的资源后，通过具体场域中的劳动实践转变而来，不同的资本形式有着不同的运作场域和运作逻辑，并且不同的行动者竭力争取在资本竞争中胜出，进而加剧了场域以及场域间的权力争夺。其实，在科学技术和社会迅猛发展的今天，"人格化资本"的资本家利用现代化手段来追逐剩余价值的目的仍然没有改变，资本的本质依旧是特定社会阶段的"社会关系"，只不过资本以更加具体的形式深入社会领域中，衍生出了多种样态的、有着具体样貌的资本形式。但不同于其他的传播形态，意识形态传播有着布尔迪厄所说的独特运作场域，而它又是由资本来形塑和构架的。

4.1.2 进入传播的资本形式

作为转换资源的资本，是推动和维持意识形态传播的重要结构性力量，意识形态传播主体就是凭借这个力量，让意识形态的生产和再生产得以循环运作。不过，进入传播领域的资本还不是以单纯的经济资本或者抽象形式出现的，而是同媒介实践和场域相联系的，具有自身特殊运作逻辑的多样化和具体化形态。具体而言，进入意识形态传播的资本形式主要表现为两种。

（1）象征资本。所谓象征资本，是指经济资本是透过符号系统来控制社会的形式。对于意识形态传播而言，经济资本并不是以物质形态直接介入到具体的生产和传播中，而是转化为象征性符号来执行其统摄和建构现实的能力。一方面，符号体系把表征意识形态的信息、话语和符号有机统一起来，人们运用这个符号系统来寻求自身与外在世界的意义，以及经由它来建构理解社会秩序的意义系统，人的现实行为也在与符号系统之间的互动中渐渐形成；另一方面，经济资本向象征资本的转化获得了控制符号系统的隐性权力，也就决定了符号系统的意义解释框架和现实运行逻辑，并通过对符号系统的控制来追求更多的经济利益。此外，象征资本的有效配置可以让意识形态和经济资本达成"妥协"，以掩饰资本在追求价值增值过程中的逐利本质。

（2）文化资本。文化资本的概念，主要是指特定行动者对非物质形式资源的占有，并以具体状态、客观状态和体制状态存在。其中，具体状态的文化资本是指同身体相联系的财富以及能力，表现在文化、教育、修养等方面，是人类积累性劳动的具体体现；客观状态的文化资本指向文化的物质性方面，如文学、艺术、绘画、雕刻等具体化形式，是人类历史行为的产物；体制状态的文化资本主要是学术资格和文化能力，是个体被社会公认的那部分合法权利[①]。当我们反观进入传播中的文化资本时就会发现，以物为附着物的思想、观念和价值总是以制度的形式沉淀下来，它们又散见于法律条文、思想著作和意义象征物上，而以人为附着物的政治魅力、才能和气质等，又以话语的形式呈现出来。也就是说，传播中的文化资本依赖于特定行动者的社会化能力，只有行动者拥有支配社会资源的能力时，才可能占据相应的文化资本，文化资本才可能再次转化为经济资本而产生影响现实世界的权力，两者在传播中的双向关系也是意识形态传播中文化资本的运作逻辑。此外，客观形态的文化商品也会以象征形式呈现出来，这和象征资本在传播中的形式还有所不同，因为"在物质方面，文化商品预先假定了经济资本，而在象征性方面，文化商品则预先假定了文化资本"[②]，象征形式在文化商品那里也只是传播先决条件而已。

---

① 布尔迪厄. 文化资本与社会炼金术：布尔迪厄访谈录 [M]. 包亚明，译. 上海：上海人民出版社，1997：192-201.

② 布尔迪厄. 文化资本与社会炼金术：布尔迪厄访谈录 [M]. 包亚明，译. 上海：上海人民出版社，1997：198.

4.2　资本的结构性定位

4.2.1　资本结构描述

支配着物质生产资料的阶级，同时也支配着精神生产资料，因此，那些没有精神生产资料的人的思想，一般是隶属于这个阶级的。[①]

在意识形态传播中，资本结构的最大特征就是媒介资源的集中和媒介机构的联合。从全球范围内看，代表市场力量的商业性媒介机构已经遍布于整个传媒领域，这种"水平"式的扩张模式在数字革命的推动下变得越来越普遍，传统意义上的区域性媒介机构的"垂直"传播方式逐渐被打破，资本的内生力量将商品逻辑推向了全球。商业性媒介机构普遍繁荣的背后，是商业媒体、政府媒体和公共媒体之间平衡状态的失调，是媒介所有权日益集中于少数的传媒机构。商业媒体追求的是商品和服务带来的利润，它们视受众为消费者、视资讯为商品、视广告为收入，这与政府媒体服务社会和公共媒体促进公益的定位大不相同。尤其是跨国性质的媒体机构将触角延伸至全媒体领域，电影、电视、报纸、广播、网络和娱乐产业等部门组合为更加庞大的传媒集团，拥有了控制媒体内容生产和发行的重要影响力，这种全产业链发展模式的影响范围，远远超出了人们可想象的范围。如何避免媒介资源集中后造成的行业垄断？国家（政府或政党）如何更好地行使监管者角色？受众如何适应媒

[①]　中共中央马克思恩格斯列宁斯大林著作编译局 . 马克思恩格斯选集：第 1 卷 [M]. 北京：人民出版社，2012：178.

介全球化发展带来的改变？这些问题都值得深思。与这种媒介集中化的趋势相伴生的是媒介机构之间的合并重组，以及在商品逻辑干预下消费社会的生成。原来只专注于内容生产的媒介机构，在同印刷公司、软件服务商、卫星传输企业归并之后愈发成为高度资本化的商业机构，这也意味着激烈的竞争和淘汰。为了能在激烈的市场竞争中胜出，市场细分、目标受众、广告销售就成为媒介运营的基本流程，公众的利益让位于利润的增值，严肃知识性内容被娱乐化、戏剧化、通俗化取向的内容取代，为吸引眼球的虚假新闻、失实报道层出不穷。广告商将广告投到各个时段中，无形中挤占了受众大量的闲暇时间和精力，这种被动式的"消费"为媒介机构提供了相当数量的收益回报，这种消费方式极为隐蔽，受众行为总是在潜移默化中受影响和改变。不过，"渠道为主"的传统媒介已经开始受到以"内容为主"的新媒体的挑战，数字革命既推动了媒介技术变革的步伐，也促使媒体对媒介形式和内容的重新审视，否则很难有效规避市场竞争带来的风险。最为重要的是，消费主义影响下的媒介生态发生了改变，意识形态所表征的意义符号或许只能"漂浮"在商业广告之中，当它被逐渐弱化后也就难以发挥其应有的功能。

4.2.2　资本的功能

在现实的经济社会中，资本扮演着不同的角色，也就相应发挥着不同的作用和功效。具体到意识形态传播中，资本是作为转换资源出现的，这就决定了它有着自己独特的功能，即资本服务于统治阶级利益的实现，促使现实生产关系转换到传播领域，以及为统治阶级意识形态提供合法性支持。

人们在从事经济活动的时候就会遇到经济资源稀缺性的问题，提高现有资源的效率来进行扩大再生产，提高劳动生产率是实现资源有效利用、经济可持续发展的重要方式，整个经济的活动过程也就是实现经济资源配置的过程。相应地，资本主义追求剩余价值的过程也是其经济社会不断发展的过程，它促使企业在生产过程中更多地采用先进技术与手段，进行严格的科学管理，提高劳动生产率，为社会创造出更丰富的物质财富。马克思认为，"资本的文明面之一是，它榨取这种剩余劳动的方式和条件，同以前的奴隶制、农奴制等形式相比，都更有利于生产力的发展，有利于社会关系的发展，有利于更高级的新形态的各种要素的创造"[①]。只不过，在资本主义条件下，剩余价值是资本家无偿占有的，反映了资本家与劳动者之间的剥削关系。"如果我们把工资和剩余价值，必要劳动和剩余劳动的独特的资本主义性质去掉，——那么，剩下的就不再是这几种形式，而只是它们的为一切社会生产方式所共有的基础。"[②]马克思在这里想表明的意思是：劳动与劳动力所产生的价值都是人类历史进程的产物。试想，如果活劳动脱离死劳动是否还能成立？死劳动的载体是生产资料，而生产资料从人类发展的长河上看不过是人与自然相互作用、人类在主动与被动中自然接受的自然物。在人类还没有迈入现代文明之前，我们更多的是对活劳动的主体——人力的占有，这时的生产关系是基于资源稀缺与人力不足的矛盾中渐渐发展起来的。不过随着时间的推移，人力与对象物的关系逐渐走向更为紧密的程度，产生了一个让人类文明快速发展的事物——科学技术。科技从其产生的来源上看，更像是一次机遇与巧合的碰撞，知识在人类历史进步的长河中找到了其最终归宿，这就是它通过与劳动力相结合，产生出的巨大生产力，这种生产力源自科技、植根于生产关系、发展于生产资料。

---

① 中共中央马克思恩格斯列宁斯大林著作编译局. 马克思恩格斯文集：第 7 卷 [M]. 北京：人民出版社，2009：927-928.

② 中共中央马克思恩格斯列宁斯大林著作编译局. 马克思恩格斯文集：第 7 卷 [M]. 北京：人民出版社，2009：992.

由此看来，统治阶级利益的实现需要借助资本，更需要借助资本对各种社会资源的有效配置作用。资本进入传播领域，或者说作为转换资源的资本对技术媒介的集中聚合，更多的是为维护阶级利益及其生产关系的有效运行，但这个过程又是以为统治阶级意识形态提供合法性支持来完成的。

4.3　资本运行的逻辑

在现代社会中，意识形态传播越来越倚重于资本及其逻辑，这主要是由于以下几方面。

（1）资本垄断了意识形态国家机器中的传播工具。传递信息的中介如通讯社、杂志社、报刊、广播、电台、电视台和互联网站等都成为意识形态国家机器的重要组成部分，它们共同为维护统治阶级意识形态、维护国家政权，尤其是媒体话语在推进政治认同、强化统治阶级执政合法性方面发挥着独特作用。

（2）资本控制了意识形态传播的具体内容。处于主导地位的意识形态需要整套的价值观念和话语体系来支撑，任何统治阶级都不会允许与本阶级意识形态相异的思想观念进行有意识的传播，不论是传播内容还是传播行为都会被审查，统治阶级会出于政治、经济、道德、文化等因素的考虑，实施对意识形态传播内容全方位的控制。相较于传统意识形态偏重于单向传播方式，以双向沟通为特征的新形态意识形态传播在受时空限制的前提下管制难度相对更高，使得以互联网为代表的新媒体就更加受到资本的青睐和关注。

（3）资本主导了意识形态传播的体制机制。统治阶级意识形态通过媒介发挥作用，需要特定的传输网络结构和制度背景的支撑，这集中体现在国家层面的传播模式和媒介体制上。以政府为主导的媒介体制主要通过国家资本来获取媒介运营的主导权，并根据实际需要为国家政策的落实和经济社会发展提供舆论保障和监督；以市场为主导的媒介体制主要依靠社会资本的资助和投入，多采取商业化发展模式来灵活应对多元化的媒介竞争环境，是以赢得市场和受众为主要目的的传播模式。在意识形态传播的实践中，政府和市场两方力量往往是借助资本共同起作用的，资本与权力、媒介的关系是相互依存、互为前提的。

（4）资本引导了意识形态传播的方向。在现实生活中，人们并不是盲目行动的，而是通过有意识的实践活动来感知外在世界的，意识世界或者说观念世界的再生产也必须依赖于实践活动。在进入传播的资本形式中，象征资本和文化资本就是在人们的对象性活动中出现、形成和发展起来的，意识形态传播的方向和这种实践活动的目的其实是趋同的，通过传播活动表现出来的也正是实践活动的观念化的一般结果。

我们会发现，资本总是以控制、支配、规定的姿态出现在意识形态传播中，总是聚焦于通过市场化行为来提高其有机构成。资本规模不断扩大、组织机构愈加繁杂的传媒机构日渐活跃于各种信息流通渠道，这就使信息大规模复制成为可能，象征形式趋近于市场化生产，传播活动逐步转向商业化发展。也就是说，资本的逻辑在于控制意识形态传播的生产、分配和消费，进而通过商业化扩张来实现对各种信息、话语和符号的垄断。一方面，资本通过掌握和控制媒介权力，使意识形态传播的渠道市场化、商业化，内容世俗化、商品化。在市场化运作的商业体系中，人们对具有象征意义的诸价值需求，同受众对商品的需要和满足之间的界限通常是模糊的，或者说资本逻辑赋予意识形态传播以市场化、商业化运作的社会背景。在资本逻辑的驱使下，传媒机构寻求利益最大化的愿望也与日俱增，机构之间的合并重组带来的业务扩展促进了意识形态传播的高效、便捷和广泛，由此保证了意识形态传播范围和渠道的扩张，这是现代社会中意识形态得以发挥凝聚力的基本前提。紧接着，意识形态从形式到内容的再现就会体现出"资本意志"，即表征意识形态的信息、话语和符号需要化作商品世界中可交换的物品。随着意识形态内容的商品性被自然化后，使用价值向交换价值转换的过程就会被当成理所当然的"事实"。另一方面，资本的积累为媒介权力的扩张提供了结构性基础，让权力以更为弥散、更为微观、更为隐蔽的方式塑造并彰显其影响力。资本是媒介经济竞争和垄断的核心问题，不论是媒介集中的"水平"还是"垂直"式分布，资本的有效积累是所有潜在利益关系得以变现的基本条件，而扮演"社会的黏合剂"的意识形态之预设条件是能否将社会的局部利益上升为整体利益。于是乎，资本的有效积累就是意识形态发挥功能的前提，只有在意识形态传播中找到资本的影子（权力及其关系），才能够确认"资本逻辑"的存在。一般来说，任何意识形态都是某种特定权力关系的表达，它的存在既显示了统治与被统治的关系，也反映了意识形态表意系统的"等级序列"。在传统社会中，权力往往被少数人或部分群体掌握，权力的流动性相对较小、层级较为固化和稳定，在整体范围内表现为集中的特点；在现代社会中，权力以"规训"的技术手段建构着社会现实，并借助媒介以弥散的形态遍布于日常生活的各个领域。由于技术媒介"去中心化"的扁平式传播秩序，让更多的个体有机会参与到媒介生产和传播的过程中，资本意志的崛起让"沉默的螺旋"变得力不从心，由个人组成的复杂网络为权力关系做了新的定位，权力的生产、交换和消费在网络时代以更加微观、更加隐蔽的方式呈现，体现价值观念的意识形态貌似相距遥远，却实实在在地围绕在我们身边。

第 5 章
意识形态传播的政治之维：权力的结构性定位

在意识形态传播中，权力是作为转换能力出现的。居统治地位的意识形态之所以能够为统治者生产符合其利益要求的思想和价值观念，主要是由于意识形态的阶级性，即意识形态和统治阶级生产关系相契合，而这个契合点正是权力赋予它的。意识形态传播的方向指向了在社会群体中"普遍化"的统治思想，意识形态传播的目的就是维护统治阶级社会的生产关系，并使其统治合法化。

5.1 作为转换能力的权力

5.1.1 权力的界定

权力无处不在、无时不有，掌握权力的国家则"是整个社会的正式代表，是社会在一个有形的组织中的集中体现"①。在马克思看来，权力并不是抽象的，任何特定的权力形式都体现着统治阶级的意志，本质上是实现阶级统治的工具。权力的背后是人们围绕物质资源而展开的阶级斗争，它的来源和形式都是由社会经济基础决定的，处于统治地位的阶级正是借助权力来维护其经济利益和政治秩序的。权力和国家往往密不可分，或者说权力的最高级形态就是国家权力，这不仅是由其阶级属性决定的，也是由权力本身的特质决定的。早在古希腊，亚里士多德对政体的划分就涉及权力配置问题；霍布斯将权力理解为获得利益的手段；马克斯·韦伯（Max Weber）视权力为主体意志实现的可能性；罗素（Bertrand Russell）定义权力为"预期效果的产生"；达尔则从影响力方面考察权力的使用；等等。卢克斯（Steven Lukes）对不同的权力观的特征进行了概括，认为它们主要体现为三个维度，即达尔式（Roert Alan Dahl）的一维权力观、巴克拉克（Peter Bachrach）和巴拉兹（Morton Baratz）的二维权力观，以及卢克斯本人的三维权力观。达尔代表的多元主义认为，利益的冲突是明显的和可观察的，权力的运行能够通过政策的制定过程揭示出来；巴克拉克和巴拉兹则反对权力的单向面，认为权力的运行存有两面性，它既可以反映在"具体决策"中，又可以隐蔽于利益冲突之中；卢克斯通过对上述两种权力观进行梳理，批评了以行为为中心的权力观点，强调权力地位的关系性，认为"作为支配的权力"至关重要②。

如果分析权力本身就会发现，权力最终指涉的依然是国家权力，这是所有政治问题的核心，作为支配的权力是一种能力，或者说是一种转变利益的能力。在意识形态传播中，权力是以转换能力出现的，这个能力既可以是强制性的，也可以是支配性的，但又主

① 中共中央马克思恩格斯列宁斯大林著作编译局. 马克思恩格斯文集：第9卷 [M]. 北京：人民出版社，2009：297.
② 史蒂文·卢克斯. 权力：一种激进的观点 [M]. 彭斌，译. 南京：江苏人民出版社，2012：17-18.

要是以合法支配来体现的。其一，权力是实现统治阶级客观利益的能力，这反映了占主导地位利益群体在利益格局中的支配力，统治阶级意识形态之所以能够在意识形态传播领域占据主导地位，根本也在于此；其二，权力的运行凭借的是既有的权威形式，它对利益格局的合法支配遵从现有政治规则和政治秩序，这就规制了传播活动始终围绕着权力关系与权力分配展开，确保了意识形态传播的目的性；其三，意识形态的领导权始终与意识形态的主体联系在一起，对意识形态领域的斗争也就表现为对权力支配的延续，葛兰西则把这种权力斗争称为"争取文化领导权"的斗争，这与强制暴力手段有着很大不同。

5.1.2　权力的外延

意识形态传播中，权力的外延更多地表现为意识形态霸权或领导权。正是意识形态的政治实践功能，让意识形态斗争表现为权力斗争，葛兰西则把这种权力斗争称为"争取文化领导权"的斗争。"在葛兰西看来，意识形态领导权的实质是一种教育关系。"[1] 这里的文化领导权，或者说文化霸权作用的对象是市民社会，而不是政治社会。他把整个上层建筑区分为市民社会和政治社会，在于资产阶级主要通过文化领导权获得对被统治阶级的精神控制，用虚幻的自由平等观念掩盖经济的不平等，为资产阶级的剥削与压迫进行辩护，而这一切的活动都发生在代表社会舆论的市民社会中。市民社会的文化霸权不同于政治社会的暴力统治，文化霸权是一种具有穿透作用的意识形态领导权，其作用范围深入了整个社会的每个层面。

文化霸权制造"同意"的方式不同于物质专政工具的强力手段，是不同于"硬权力"的"软权力"。统治阶级通过制造"同意"

---

① 俞吾金. 意识形态论 [M]. 修订版. 北京：人民出版社，2009：258.

的基础来维护其政治秩序和政治制度的合法性，被统治的阶级往往受制于现实环境束缚而被迫遵循统治阶级的文化领导，从而丧失了自主精神和否定思维，自身自觉的思想活动也进一步被蚕食和瓦解，最后屈服于统治阶级思想。意识形态霸权对"同意"的制造虽然依赖物质条件的改善，但更主要是通过意识形态的有效传播来实现的。在意识形态传播中，文化霸权确立的前提是"智识和道德的领导权"，只有意识形态内涵的信息、话语和符号为人们提供了认识世界的基本观念和价值规范，才可能在普遍意义上建立起稳固的领导权。这就是说，政治价值理念或政治价值规范的表现形式，必须能够被大众接受，具有实际的操作意义，如果处于政治价值体系外围的政治价值理念或政治价值规范更容易受到外界经济环境的冲击，整个政治价值体系就会面临价值传递的困境。从根本上说，意识形态文化霸权维持的关键在于，居于统摄地位的信仰与价值体系需要主动地适应社会转型，否则居于统治地位的意识形态将会逐渐走向衰落。不断完善和补充自身的价值构成，让意识形态内涵更加丰富、体系更加完备、表达更加成熟，以反映时代主题和潮流，是统治阶级发挥意识形态领导权的主要的改造方向。

5.2　权力的结构性定位

5.2.1　权力结构的描述

在意识形态传播中，权力是作为转换能力出现的。当我们说，作为意识形态传播结构的权力，既是压制性的更是支配性的，实际上是想表达后者对观念世界的构造更富有效力。具体而言，意识形态传播中的权力结构主要具有以下特征。

（1）权力的微观化。福柯（Michel Foucault）在阐述他的"权力的微观理论"时就认为，权力的存在是以微观形式弥漫开来的，权力的隐蔽控制形式已经渗透到社会生活的所有可能性领域，监狱、医院、学校、工厂等空间中的权力关系正是权力贯穿于整个社会机体的现实表征。新媒介时代，意识形态传播的边界在扩张的同时，权力渗透到社会空间的所有领域，并以弥散的状态和技术方式浸润在这个社会机体之中。

（2）权力的隐匿化。从媒介历史的角度来看，技术媒介的公共形式"激活"了社会关系网络中的个体后，私人领域和公共领域之间的疆界在公共化过程中变得愈加模糊，权力借助媒介得以广泛分布于日常实践的所有场域。公共景观底层的利益冲突在权力的控制下被隐匿了起来，取而代之的是被优势资源构造的现实图景。微观权力所导致的权力稀释和被隐匿，实际上反映的正是权力关系的调整和重组。

（3）权力作用的扁平化。作为转换能力的权力，同以转换技术的媒介之间的关系是此消彼长的。权力的扩大会间接削弱媒介在意识形态传播中的作用；反之，媒介规模增大后所生成的媒介权力，会反向影响权力在意识形态传播中的角色功效。尤其是在新媒体盛行的时代，权力运作的空间和场域有了极大的扩展，象征权力的意识形态对媒介空间的占用使得权力关系趋向扁平化，意识形态传播空间的扩展也消解着象征形式的网络空间中的再生产的合理性。由于大量资本介入媒介化政治进程之后产生了"跨场域效应"，占支配地位的资本在权力场域的力量对比，就会转变为象征资本在媒介化权力场中的激烈争夺，资本与权力关系在某种程度上突破了传统实践范畴，媒介已经无可阻挡地嵌入它们之中。此外，权力之于意识形态而言，权力对意识形态的控制和支配是具有意向性的，这直接决定了意识形态传播的方向和目的。

5.2.2 权力的功能

权力可以被认为是某些个人或群体改变、影响、控制他人的能力，个人、群体和国家（政府或政党）在政治过程中对他人行为施加影响之时，就会产生权力。意识形态传播中权力的功能主要有以下几个方面。

（1）权力赋予意识形态传播以方向和目的。意识形态的传播者居于国家权力层面，主要由政府和政党主导，这种高度的权威性也决定着其强烈的目的性，传播者意图转化为既定的政治原则去影响、说服并支配受众，以期达到相应的政治目的，且政治信息流动的方向性明显。作为观念上层建筑的意识形态是统治阶级思想的观念化体现，占据统治地位的意识形态之所以能够为统治者生产符合其利益要求的思想和价值观念，主要是由于意识形态的阶级性，即意识形态和统治阶级生产关系相契合，而这个契合点正是权力赋予它的。意识形态传播的方向指向了在社会群体中"普遍化"的统治思想，意识形态传播的目的就是维护统治阶级社会的生产关系，并使其统治合法化。

（2）权力整合了意识形态传播的过程。意识形态传播结构涉及媒介、资本和权力三个基本要素，权力的整合功能将媒介和资本有机地联系在一起，以转换的方式将想象关系转化为意识形态以及其他社会思潮。权力愈大，意识形态就愈能够变为改造现实的力量，愈能够在现实社会中占据统治地位。权力整合功能的最终目的是实现意识形态的有效传播，并为社会群体提供生活的意义和价值。

（3）权力制约了其他社会思潮上升为主导意识形态的可能。权力在意识形态传播中的功能首先是将不属于统治阶级的思想、观念和价值等排除在意识形态传播结构之外，它的压制性通过意识形态霸权的方式体现出来，并贯穿在意识形态国家机器的所有环节和各个领域，让社会多数群体服从于统治阶级的控制和支配。

（4）权力调节了意识形态传播中不同的社会思想观念和价值诉求。在实践活动中产生的不同利益群体，反映在社会意识领域中，就会生成不同的社会思想观念和价值诉求，它们之间不可避免地会发生冲突和矛盾。权力在巩固主流意识形态主导地位的同时，会积极主动地引领多样化社会思潮，并为全体社会成员提供共同的思想基础和基本遵循。

5.3　权力运行的逻辑

作为一种活动的意识形态传播，其主体的政治属性必然使意识形态传播过程紧密围绕权力而展开。从意识形态传播主体上看，统治阶级与被统治阶级、国家与社会、政党与社会组织、集团与个人都有作为传播主体的可能。但是，国家依然占据主导地位，社会和公民虽然也作为传播主体，但更多的是扮演信息接受者的角色。尤其是现代社会中的传播形态，已经摆脱了面对面人际传播的单一局面，变得越来越多样化，印刷媒介、广播、电影、电视、卫星、网络等多渠道并存的新媒体时代已经到来，其覆盖的范围、覆盖的人群、覆盖的领域都极大超过以往，传播的技术性色彩愈来愈明显，互动式的传播形态不仅要求意识形态传播在形态上有所转变，而且要求其按照不同的信道选择呈现出不同的意义框架。尽管这些媒介的潜能还在进一步释放，但可以肯定的是，意识形态传播将会展现更多的形态，权力会以更加多样化的形式介入意识形态传播中。加之，传统意识形态传播偏重于单向式，新形态的意识形态传播应当更加注重信息的双向沟通，交互式的传播形态互动弹性更大、去地域性更加明显，在受时空限制的前提下，权力对其管制难度变得更高。不过，意识形态的传播也面临着挑战，诸如传播信息的碎片化、受众自主地位的提升、原有社会分层被打破等。这就是说，权力在新媒体环境中的运行越来越偏向分散，存在于网络空间的权力已然不同于传统权力结构中的表现方式，这种分散呈弥漫状态扩散于网络空间中，技术赋权给人们带来了自由掌控信息传播的自主性力量，传播主体及话语的表达更加多元。但也可以说，作为转换资源的权力从封闭走向了开放，网络作为意识形态传播的主要阵地的作用和角色加强了，这为促使意识形态传播模式的更新和改善提供了机遇，为意识形态话语体系的更新提供了更多内涵和资源，主导意识形态的影响力和感召力有了广阔的发展空间。意识形态传播中权力的微观化，也在某种程度上加速了权力关系的再调整，权力的载体变得更加隐秘，更加难以让人辨识，这也是意识形态和权力关系在技术变革条件下相互作用的结果。

在意识形态传播中，权力的逻辑在于影响、改变、实现某些个体或群体的特定客观利益和价值目标，这种实现自身偏好最大化的价值分配过程是在一定的权力关系中产生的，并且任何权力都无法脱离相应的运作机制和规则而存在，意识形态传播结构中权力的运行亦是如此。权力通过既定的制度化约束得以对资本进行有效监视、压制以及支配，为超越经济力量来解决特定的意识形态冲突提供了可能。当公共事务不断扩张的同时，权力的运转方式变得复杂起来，以暴力统治为基础的绝对化权力约束，愈发难以适应经济发展的客观需要，从传统的绝对权威转向现代的制度规范，不仅是权力实践的时代要求，也体现了权力关系的变迁。就前者而言，传统的绝对权威主要表现为，它预先在统治者和被统治者之间施加了某种既定的秩序，让两者都无意识地沉浸在权力关系所带来的迷雾之中。统治者自觉或不自觉地让自身同权力协调起来，所有的行为习惯、价值准则和认知方式都屈从于权力的游戏，这种异化关系的建立意味着权力统摄统治者机体的隐性逻辑成为政治实践的显在命

题；被统治者被赋予相对于统治者的自我设定，对权力关系的认
同、对统治者的迎合、对政治规则的顺从让被统治者成为统治者的
附庸，甚至于反抗权力和挑战权威都被视作权力效应的延益。就后
者而言，建立在制度规范基础上的权力是普遍性的支配力量，它能
够穿越社会层级的壁垒而深入社会微观领域，通过借助话语行动和
权力技术的方式来控制社会，具有有别于传统权力的新型转换能
力，这种新型权力在意识形态传播领域中，集中表现为对资本的监
视、压制以及支配。

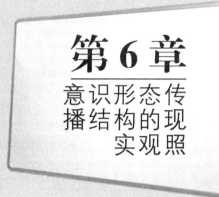

第6章
意识形态传播结构的现实观照

6.1　马克思主义意识形态的传播及其经验

　　随着中国改革开放的不断推进，它给经济、政治、文化、社会等各领域都带来了深刻变革，我国的意识形态领域也呈现出错综复杂的局面。一方面，市场经济因素的介入对整个社会结构的变迁具有深刻的影响，生产、交换、分配与消费环节出现了革命性的变化，作为社会现实的反映，意识形态领域自然也呈现出不同的面貌；另一方面，开放时代的中国，想要获得更多的发展机遇就必须与世界接轨，但在这一过程中，如何应对"文化渗透""意识形态分化"等意识形态安全问题，也是目前面临的巨大挑战。

6.1.1　马克思主义意识形态的角色定位

正像达尔文发现有机界的发展规律一样，马克思发现了人类历史的发展规律，即历来为繁芜丛杂的意识形态所掩盖着的一个简单事实：人们首先必须吃、喝、住、穿，然后才能从事政治、科学、艺术、宗教等。所以，直接的物质的生活资料的生产，便构成基础，人们的国家设施、法的观点、艺术以至宗教观念，就是从这个基础上发展起来的，因而，也必须由这个基础来解释，而不是像过去那样做得相反。①

从这段文字可以较为清晰地看出，马克思、恩格斯对意识形态的理解基本上还是从否定意义的角度来说明其内涵的，虽然在后来的历史演进中，意识形态更多地以描述性的面貌出现，但这并不妨碍我们从马克思主义创始人那里探寻意识形态的真实面貌。不过，马克思并没有直接给意识形态下过明确的定义，只是描述过"一般意识形态"②和"德意志意识形态"的特征。按照时间脉络，马克思的意识形态学说主要分为两个阶段。

第一阶段主要以"政治—哲学"方式，从认识论的角度来考察意识形态的本质、起源和基本特征；第二个阶段主要以"政治—经济学"方式，从资产阶级生产方式背后批判意识形态的现实形态（物化意识和商品拜物教），同时也部分讨论了关于共产主义意识形态的问题。如果把马克思对意识形态问题的研究放到更大的范围内看，"马克思的历史唯物主义学说正是在意识形态批判的前

---

① 中共中央马克思恩格斯列宁斯大林著作编译局．马克思恩格斯选集：第 3 卷 [M]．北京：人民出版社，2012：1002.

② 在《德意志意识形态中》，马克思使用了观念的上层建筑，后来他在《路易·波拿巴政变记》中进一步用情感、幻想、思考方式和人生观等词语具体化了"观念的上层建筑"，这是马克思关于"一般的意识形态"论述中的基本论述。参见：俞吾金．意识形态论 [M]．修订版．北京：人民出版社，2009：67-85.

提下形成起来的"①。换句话说,作为科学唯物主义的形成,马克思历史唯物主义学说在很大程度上依赖于对意识形态本身的批判。正像马克思关于"颠倒"问题的经典表述说的那样,"辩证法在黑格尔手中神秘化了,但这绝没有妨碍他第一个全面地有意识地叙述了辩证法的一般运动形式。在他那里,辩证法是倒立着的。必须把它倒过来,以便发现神秘外壳中的合理内核"②。马克思对德意志意识形态和一般意识形态的批判也经历了相同的方式,即过去的意识形态作为客观物质世界的基础,支配着人类世界;现在,一切都被颠倒过来了,虚幻的、伪善的神话世界只不过是现实世界的扭曲反映,"不是意识决定生活,而是生活决定世界"③。如前所述,从马克思对意识形态考察的脉络中可以发现,对意识形态问题的讨论始终围绕着历史唯物主义而展开。马克思完成了对意识形态全面的批判之后,提出了反抗虚假意识的具体道路,即"跳出意识形态"④。在《德意志意识形态》的序言中有这样一段话,"迄今为止人们总是为自己造出关于自己本身、关于自己是何物或应当成为何物的种种虚假观念。他们按照自己关于神、关于标准人等观念来建立自己的关系。他们头脑的产物不受他们支配。他们这些创造者屈从于自己的创造物。他们在幻象、观念、教条和臆想的存在物的枷锁下日渐萎靡消沉,我们要把他们从中解放出来。我们要起来反抗这种思想的统治"⑤。这里表明,"跳出意识形态"需要人们从现实世界出发,去认识世界和改造世界。摆脱虚

① 俞吾金. 意识形态论 [M]. 修订版. 北京:人民出版社,2009:151.
② 中共中央马克思恩格斯列宁斯大林著作编译局. 马克思恩格斯选集:第2卷 [M]. 北京:人民出版社,2012:94.
③ 中共中央马克思恩格斯列宁斯大林著作编译局. 马克思恩格斯选集:第1卷 [M]. 北京:人民出版社,2012:152.
④ 中共中央马克思恩格斯列宁斯大林著作编译局. 马克思恩格斯全集:第3卷 [M]. 北京:人民出版社,1960:98.
⑤ 中共中央马克思恩格斯列宁斯大林著作编译局. 马克思恩格斯文集:第1卷 [M]. 北京:人民出版社,2009:509.

假意识形态的枷锁只能从批判意识形态本身出发，必须付诸现实的实践活动。从逻辑脉络的发展看，马克思对意识形态的批判的具体表现经历了从劳动异化到商品拜物教的转化。马克思正是按照这一逻辑思路，从对资产阶级意识形态的政治经济学基础的批判，进而深入到对资产阶级生产关系和这种生产关系的分配形式的批判，使历史唯物主义进一步科学化了。在这个意义上说，马克思主义意识形态理论本质上是意识形态批判理论。

当今，从英语世界对马克思主义意识形态理论的梳理来看①，马克思主义意识形态理论谱系的形成主要是以"两个比喻"和"经典定义"为标志的，后来经过列宁的阶级意识论和"西方马克思主义"的兴起，意识形态研究中立化的倾向也由此形成。我们现在坚持的无产阶级意识形态主要是"列宁继承了马克思意识形态学说的基本精神，而且因为他根据自己所处的时代的实践需要和理论需要，对意识形态的含义作出了新的说明"②。从意识形态概念的梳理上看③，在意识形态创始人特拉西那里，意识形态是"观念的科学"的代名词，是肯定性概念；在黑格尔、费尔巴哈和马克思、恩格斯那里，都把意识形态理解为一个否定性概念；列宁不谈意识形态"虚假性"，而采用了更加中性的意识形态概念来描述社会主义和共产主义意识形态，并提出意识形态是阶级性和科学性的统一。可以说，列宁已经把意识形态看作是一个描述性的概念，这与他对俄国工人阶级运动的思考是分不开的。"既然谈不到由工人群众在其运动进程中自己创立的独立的意识形态，那么问题只能是这样：或者是资产阶级的意识形态，或者是社会主义的意识形态。这里中间的东西是没有的（因为人类没有创造过任何'第三种'意识形态，而

---

① 参见：张秀琴. 英语世界对马克思意识形态理论的解读方式 [J]. 中国社会科学，2012（6）：24-45，205-206.
② 俞吾金. 意识形态论 [M]. 修订版. 北京：人民出版社，2009：203.
③ 参见：俞吾金. 意识形态论 [M]. 修订版. 北京：人民出版社，2009：203-213.

且在为阶级矛盾所分裂的社会中，任何时候也不能有非阶级的或超阶级的意识形态）。因此，对社会主义意识形态的任何轻视和任何脱离，都意味着资产阶级意识形态的加强。"① 所以列宁提出了著名的"灌输理论"，即把社会主义的意识形态从外部灌输到工人阶级的队伍中去。意识形态问题在马克思、恩格斯那里始终是一个否定性的概念，这是毋庸置疑的，列宁对意识形态学说的发展可以说是把握了意识形态问题的关键，即意识形态的批判性。列宁的意识形态论是"科学的意识形态"。如前所述，"历史唯物主义理论的形成和意识形态学说的确立，在马克思本人的思想发展史上是同一个过程的两个不同侧面"②。换句话说，马克思对意识形态的批判是历史唯物主义确立的一个重要方面，而历史唯物主义的科学性也就体现在对意识形态的批判态度上，即马克思意识形态学说的哲学基础是历史唯物主义。

列宁对马克思意识形态学说的发展则体现在他把握了马克思意识形态学说的科学性和批判性相统一的原则，同时客观、准确地把握了当时的时代主题，这是列宁能够发挥意识形态辩护功能的关键所在。从理论上看，马克思主义意识形态辩护功能的发挥需要具备两个条件：①意识形态科学性和批判性相统一；②意识形态科学功能与价值功能相统一。意识形态的科学功能主要是指意识形态传播在"认知—信仰"层面所承担的，反映和传播历史唯物主义科学性的教化功能。意识形态的价值功能主要是指意识形态传播在"价值—解释"层面所提供的价值理想与价值选择功能。首先，"意识形态的全部内涵和秘密都深藏于它的意向性对象——社会存在，即人们的实际生活过程中"，它总是指向现实③；其次，意识形态的产

① 中共中央马克思恩格斯列宁斯大林著作编译局. 列宁选集：第 1 卷 [M]. 北京：人民出版社，2012：326-327.
② 俞吾金. 意识形态论 [M]. 修订版. 北京：人民出版社，2009：43.
③ 俞吾金. 意识形态论 [M]. 修订版. 北京：人民出版社，2009：73.

生依赖于人类社会发展过程中的阶级对立，即意识形态本质上是统治阶级的思想；再次，"意识形态的延续和不断再生正是通过教化来实施的"[①]，对资产阶级意识形态的批判和获得共产主义自觉意识都需要教育；最后，实践是"跳出意识形态"困境的有效路径，"人们之所以接受意识形态的教化，努力与意识形态认同，正是出于实践的目的"[②]。相反，如果意识形态的科学性和批判性相分离，意识形态要么变为一种纯粹的思维工具，要么成为一种纯粹的假说；如果意识形态的科学功能与价值功能相分离，意识形态只能蜕变为一种虚假意识，掩蔽或扭曲了现实关系。可以说，意识形态传播的困境就在于，没有能够从本质上把握马克思主义意识形态学说的基本精神，只是把意识形态作为一种工具，或者说没有深入现实生活中把握时代的变革。

6.1.2　马克思主义意识形态传播的基本经验

1978 年底召开的中国共产党十一届三中全会，是在我们党的历史上有着重大影响的一次会议，这次会议从根本上冲破了长期"左"的思想束缚，实现了党的工作重心的转移，重新确立了马克思主义的思想路线、政治路线和组织路线，开始提出和确立了改革开放的重大方针政策，揭开了社会主义建设新篇章。其后，正是在社会主义市场经济制度的运作下，各种社会资源得到了有效配置，我国实现了经济健康发展和社会稳定的良好局面，为实现人民生活水平提高与现代化打下了坚实的基础。如果中国的经济发展始终处于低水平，那么既谈不上实现现代化，也谈不上成为发达的社会主义社会。

不过，随着经济全球化的不断推进、多元文化的不断交融，国

---

① 俞吾金. 意识形态论 [M]. 修订版. 北京：人民出版社，2009：80.
② 俞吾金. 意识形态论 [M]. 修订版. 北京：人民出版社，2009：131.

内经济体制改革所带来的不仅仅是社会结构的深刻变动、利益格局的深刻调整，而且是社会意识多元化和思想观念的深刻变化。社会主义的本质就是解放生产力，发展生产力，消灭剥削，消除两极分化，实现共同富裕。从这个本质判断上看，涉及生产力与生产关系两个方面：第一，发展生产力的最终目标是实现共同富裕，所有有利于社会主义生产力发展的手段和方式都可以利用；第二，共同富裕的目标是要以生产力快速发展为前提，没有生产力的推动，就不能体现社会对生产力发展的要求。换句话说，就是要以生产力发展推动社会主义价值目标的实现，并通过社会主义价值目标内在规定生产力发展的目标与方式。从意识形态传播领域来看，"意识形态是西方敌对势力对我国实施西化、分化的前沿。我们同各种敌对势力在意识形态领域的斗争，本质上是社会主义价值体系与资本主义价值体系的较量"①。从历史梳理来看，改革开放以来，我国对主流意识形态传播工作主要分为三个时期②。

（1）改革开放和社会主义现代化建设初期（1978—1992 年）。这个阶段以党的十一届三中全会为起点至 1992 年邓小平南方谈话前为止，特征是在"一整套成熟的意识形态理论和政策"③的基础上，以科学的意识形态理论服务经济建设和国家发展。党的十一届三中全会之后，党和国家的工作重心转移到经济建设上，主流意识形态传播的功能指向也相应地发生了调整和变化，逐步突出意识形态在服务社会主义精神文明建设上的领导权、话语权。

梳理历史发展脉络可以发现，当改革大幕逐步拉开后，一方面是国家层面的价值观、道德观对集体主义的坚守；另一方面是社会主义市场经济带来的社会繁荣和多元利益格局。如何使上述两个方面

---

① 郑珠仙. 国家意识形态安全教育与大学生社会主义核心价值观教育研究 [M]. 北京：人民出版社，2014：13.

② 参见：吴潜涛，徐艳国. 建党 90 年来高校德育发展的历史轨迹 [M]. 北京：高等教育出版社，2012：126-222.

③ 俞吾金. 意识形态论 [M]. 修订版. 北京：人民出版社，2009：316.

协调发展，或者说如何解决意识形态"上层建筑"功能在市场经济条件下的正常运转问题，这点至关重要。一段时间内，我国实行的是计划经济体制，它是政府从国家和社会整体利益出发，统一制定国民经济发展计划来促进生产和消费，是一种集中度较高的资源调配方式。当集体主义原则与计划经济结合在一起时，意识形态解释和指导行动的功能就可以较好地发挥，其基础是意识形态受众对所承担社会义务的普遍理解和认可。然而，当社会主义的集体主义原则遇到遵循优胜劣汰法则的市场经济后则需要进行调适，即社会主义意识形态既要在促进市场经济健康发展中扮演积极角色、调动各方面的积极性，又能够在利益和资源分配差异化的环境中强调集体利益、弘扬社会主义主旋律，并在这两者间寻找结合点。改革开放和社会主义现代化建设初期，我国的社会主义市场经济体制并没有完全建立起来，意识形态在"价值—解释"层面的功能还未能充分发挥，西方意识形态乘虚而入对我国社会思想领域产生了一定的负面影响，迫切需要当时的意识形态根据变化了的情况进行与时俱进的调适，真正发挥意识形态在国家发展和民族团结上的凝聚说服功能。江泽民同志在谈及新的历史条件下如何继承和发扬爱国主义时指出："继承和发扬爱国主义精神，要体现在实际行动中。要树立高度的民族自尊、自信、自强精神。要勇于同破坏国家统一、损害民族团结、危害社会主义事业的行为进行坚决斗争。"① 弘扬爱国主义精神的新时期开启，既是社会主义意识形态传播中的具体化体现，又是一种集体主义导向的、具有强大生命力的国家意识形态形塑过程。

（2）改革开放和社会主义现代化建设深化发展时期（1992—2002 年）。以 1992 年邓小平南方谈话和党的十四大为标志，改革开放和社会主义现代化建设进入了一个新的阶段。我国意识形态传播工作开始紧密围绕如何适应社会主义市场经济，在全面反思的基

---

① 江泽民．江泽民文选：第 1 卷 [M]．北京：人民出版社，2006：123.

础上增强了社会主义意识形态的针对性和有效性，回应了经济社会发展过程中的一系列重大问题。从理论上看，这一时期的意识形态传播的科学功能与价值功能逐渐开始靠拢。从实践上看[①]，1994 年8 月 23 日中共中央宣传部（简称中宣部）颁布了《爱国主义教育实施纲要》，旨在进一步加强全民尤其是青少年群体对爱国主义教育重要性的认识，并在大力宣传爱国先进典型方面提出了具体要求。1995 年 11 月，国家教育委员会颁布了《中国普通高等学校德育大纲》，给高等教育的发展做了整体规划，使高校德育教育走上了制度化、规范化的道路。1997 年 9 月，党的十五大报告指出，新闻传播必须坚持党性原则，坚持实事求是，把握正确的舆论导向[②]。1998 年 6 月，中宣部、教育部印发了《关于普通高等学校"两课"课程设置的规定及其实施工作的意见》（简称"98"方案），把思想政治理论课作为教育大学生的重要环节，体现了高等教育的进一步深化和发展。2001 年 7 月，江泽民同志在庆祝中国共产党成立八十周年大会上指出："要努力掌握和发展各种现代传播手段，积极推动先进文化的传播。"[③] 这指明了社会主义先进文化的实践指向，即在实践中创造性地传播中国特色社会主义共同理想，生动体现我国经济发展和社会进步朝气蓬勃的一面。可以说，这些举措对意识形态传播在观念、体制、结构、内容和方法上都有了很大提高，意识形态传播的科学功能与价值功能得到了统一，意识形态具有了世界眼光、时代潮流和中国特色，既坚持了社会主义方向，又有效整合了日益复杂的社会多元利益，保持了社会的安定团结。由于意识形态传播的科学功能和价值功能或多或少会出现一定的错位，意识形态科学性和批判性地分离状态或使得意识形态传播有演变为一种思维工具

[①] 参见：吴潜涛，徐艳国. 建党 90 年来高校德育发展的历史轨迹 [M]. 北京：高等教育出版社，2012：126-222.

[②] 江泽民. 江泽民文选：第 2 卷 [M]. 北京：人民出版社，2006：34.

[③] 江泽民. 江泽民文选：第 3 卷 [M]. 北京：人民出版社，2006：277-278.

或一种假说风险的可能。因此需要重视思想政治教育的理念与内容
的更新，引导大学生自我领悟和自我教育能力的提高；重视发挥思
想政治理论课教育载体的作用，加强大学生生活教育和实践教育；
重视大学生思想政治教育的学校环境建设，推动大学生思想政治教
育的学校环境、社会环境、家庭环境、网络虚拟环境的联动建设。

（3）全面建设小康社会时期（2002—2012 年）。以 2002 年 11
月党的十六大提出全面建设小康社会目标为起点，改革开放由此进
入了一个新的关键时期。这一时期的意识形态教育呈现出"两个
回归"，即意识形态教化对意识形态教育的回归、意识形态教育对
意识形态传播的回归。2005 年 3 月，中宣部、教育部印发了《〈关
于进一步加强和改进高等学校思想政治理论课的意见〉实施方案》
（即"05"方案），加强和改进了全国大学生思想政治教育教学；同
年的 12 月 3 日，国务院学位委员会和教育部联合下发了《关于调
整增设马克思主义理论一级学科及其所属二级学科的通知》，大力
推进了马克思主义理论学科建设；2006 年 7 月，教育部颁布了《普
通高等学校辅导员队伍建设规定》，为辅导员队伍建设提供了坚强
的组织保证。党的十六届六中全会后，党中央适时提出了"大力推
进社会主义核心价值体系"这一重大任务，这是增强社会主义意识
形态凝聚力和吸引力的重要实现和依托形式，对社会主义意识形态
传播而言，毫无疑问具有重大战略意义。

（4）中国特色社会主义新时代（2012 年 11 月党的十八大以来）。
在 2006 年 10 月党的十六届六中全会提出建设社会主义核心价值体
系的重大任务后，党的十八大又对中国特色社会主义道路、体系、
制度、文化价值给予了更加凝练的表达，提出了"三个倡导"，为建
设和发展中国特色社会主义提供了一个基本的价值遵循和共同的思
想基础，为更好地实现中华民族伟大复兴的中国梦而凝聚共识、团
结力量。2017 年 10 月党的十九大提出了要"坚持正确舆论导向，
高度重视传播手段建设和创新，提高新闻舆论传播力、引导力、影

响力、公信力。加强互联网内容建设，建立网络综合治理体系，营造清朗的网络空间"①。2018 年 8 月，习近平总书记还在全国宣传思想工作会议上强调："社会主义意识形态的凝聚力和引领力，既取决于富有说服力、感召力的内容，也取决于广泛的传播。""要加强传播手段和话语方式创新，运用个性化制作、可视化呈现、互动化传播的方式开展宣传，让党的创新理论'飞入寻常百姓家'。"②2022 年10 月党的二十大强调："加快构建中国话语和中国叙事体系，讲好中国故事、传播好中国声音，展现可信、可爱、可敬的中国形象。"③当前，我国社会主义意识形态建设中更加突出"传播"，更加突出意识形态功能的"解释力""感染力""说服力""凝聚力"，开始逐渐走出传统意识形态灌输的困境。这一阶段的意识形态建设批判地继承了前期的经验教训，开始在实践中创新并不断完善自身的理论体系，逐步具有了社会主义意识形态传播的特征，即科学性和革命性的统一、理论和实践的统一、历史性和现实性的统一④。

6.2　意识形态传播结构的中国解读

改革开放 40 多年来，我们国家的方方面面都发生了巨大的变化，所有这些变化都是我们坚持改革开放，坚持以经济建设为中心不动

①　中共中央党史和文献研究院 . 习近平关于社会主义精神文明建设论述摘编 [M]. 北京：中央文献出版社，2022：82.
②　中共中央党史和文献研究院 . 习近平关于社会主义精神文明建设论述摘编 [M]. 北京：中央文献出版社，2022：85-86.
③　习近平 . 高举中国特色社会主义伟大旗帜　为全面建设社会主义现代化国家而团结奋斗：在中国共产党第二十次全国代表大会上的报告 [M]. 北京：人民出版社，2022：46.
④　郑珠仙 . 国家意识形态安全教育与大学生社会主义核心价值观教育研究 [M]. 北京：人民出版社，2014：8-9.

摇，坚持不懈解放和发展社会生产力的结果。正是由于中国共产党代表了先进生产力的发展方向，我们党才能带领全国各族人民取得一个又一个胜利。我国处于并将长期处于社会主义初级阶段的基本国情没有变，我国是世界上最大的发展中国家的国际地位没有变，新时代我国社会主要矛盾是人民日益增长的美好生活需要和不平衡不充分的发展之间的矛盾。所以我们更要加倍努力，不断解放和发展社会生产力，不断改善人民生活。牢牢抓住和用好我国发展的重要战略机遇期，聚精会神搞建设、一心一意谋发展，为发展中国特色社会主义打下坚实的物质基础。事实上，重视和加强意识形态传播是我们党的光荣传统，从本质上把握马克思主义意识形态学说的基本精神，在总结经验教训的基础上不断与时俱进、不断创新发展，是中国共产党义不容辞的义务与责任担当。马克思主义意识形态辩护功能的发挥需要意识形态科学性和批判性相统一、意识形态科学功能与价值功能相统一，只有批判地继承前期意识形态传播工作的有益成果，在实践中创新并不断完善自身的理论体系，才能真正发展社会主义意识形态。

6.2.1　意识形态传播结构的自发性趋势

在当代中国，伴随着时代语境的不同，主流意识形态传播也经历了不同的历史发展阶段，其形态、特征与传播方式都大不相同，这与其传播的价值观念有很大关系，但更深层次的原因在于生产力与生产关系之间的不断调整。从大的时代背景看，市场经济因素的介入对整个社会结构的变迁具有深刻的影响，生产、交换、分配与消费环节出现了革命性的变化，作为经济基础的反映，观念和思想建设自然也呈现出不同的面貌。具体如下。

（1）市场主体的多元化必然导致利益主体从单一走向多元，社会利益格局的调整使得人们理性思考与选择的意识不断增强，人们的思想认识观念、价值评判标准、社会道德情操也呈现多样化，马克思主义一元指导地位有被弱化的危险。

（2）在社会主义初级阶段，基本经济制度与基本分配制度分别强调了公有制和按劳分配的主体地位，这决定了其社会主义性质。但现实情况是，公有制在国民经济中的比重在不断下降，非公有制经济已经占据经济结构的绝大部分，随之而来的是，劳动、土地、资本与技术等要素共同参与到收入分配过程中，带来了社会收入分配差距不断扩大以及社会阶层的分化与重组，现实社会中利益矛盾不断激化也从一定程度上动摇了人们对社会主义的信仰。

（3）市场经济条件下，随着公民权利意识的增强，其参与政治的热情不断升温，直接或间接参与公共事务的积极性与主动性逐步显现。相较于经济自由和社会权利发展，基层领域民主发展迅速，出现了如城市居委会直选、城乡社区协商、社情民意直通车、网络问政等形式，极大地丰富了社会主义民主价值的承载形式。但就政治参与的层次和广度看，主要集中在基层民主领域，与县级以上的政治参与还是有一定的差距，民众所形成的也是基于自身基层生活体验的具象型政治心理和政治情感，这种具象的政治认知体系与社会主义意识形态在自由、民主、法治、公平、正义等价值形式间就需要一个内在耦合过程，实现发展全过程人民民主的国家价值导向与公民价值认知之间的同频共振。否则，就会出现公民权利的成长和公民权利意识间的错位问题，甚至会出现意识形态空洞化的危机。

（4）冷战结束后，东西方意识形态对立的两极格局虽然已经终结，各国更加集中于发展本国经济，世界也进入多极化发展阶段，但不容忽视的是，意识形态领域的对立冲突仍暗潮涌动，各国在争取自身发展空间的同时，不可避免会掺入意识形态的因素，对社会主义国家进行"和平演变"和"文化入侵"的战略图谋依旧存在，意识形态领域的外部输入性风险始终没有消失。

在这种环境下，国家主导意识形态持续面临着与各种社会思潮、思想潮流和价值理念争夺话语权，以及占领新传播格局下传播

制高点的责任与任务，如何理解并驾驭这种复杂的局面，不断地
为国家经济发展和社会团结稳定提供强大的精神力量，显得更为
重要。

（1）从"统治"到"治理"，主流意识形态传播主体的角色变
革。主流意识形态传播的传播者是多样化的，但在当代中国，其
传播的主体应该"始终是作为社会总体意义上的政治共同体——国
家"①。列宁对国家的本质进行阐述时就曾指出："国家是维护一个
阶级对另一个阶级的统治的机器。"②其阶级统治具有调整社会成员
之间权力制约关系的功能，是统治阶级为提高自己的支配地位与分
配能力而行使的一种政治行为。新中国成立后，按照无产阶级政党
建设理论的要求，中国共产党建立了无产阶级统治的国家政权，经
济上推行计划经济体制，而在政治领域，高度集权的领导体制成为
国家权力的中心。在这一背景下，为了确立社会主义意识形态的指
导地位，与社会主义社会不相适应的思想逐渐被改造，各种封建
的、反动的、属于资产阶级的旧有社会观念逐步被纠正，为人民服
务的思想开始占据主导地位。不过，随着阶级斗争扩大化，斗争也
转到了意识形态领域，强制性的意识形态灌输也破坏了原先以批评
教育为主的方针，思想政治领域的指令性色彩越来越浓。如果从政
权如何执政的角度看，统治的方式始终是以控制和约束社会关系为
主要表现形式，其主体一定是政治权力主体，其意识形态传播也必
然是以"灌输"式为主的，这也是其政治意志的体现。随着"文化
大革命"的结束，计划经济体制开始瓦解，中国走入了以经济建设
为中心的社会主义市场经济时代。与此相对应，意识形态领域也面
临着重大调整。从党的十一届三中全会以来，意识形态工作被聚焦
到服务经济建设上，在牢牢掌握好意识形态领导权的同时，持续不

---

① 荆学民. 政治传播活动论 [M]. 北京：中国社会科学出版社，2014：44.
② 中共中央马克思恩格斯列宁斯大林著作编译局. 列宁选集：第4卷 [M]. 北京：人民出版社，
2012：31.

断地加强社会主义理论的教育，中国特色社会主义的影响力和凝聚力在显著提高。当前，推进国家治理体系和治理能力现代化成为执政党的战略抉择，这也为主流意识形态传播提供了制度化基础。全球治理委员会给出的关于"治理"的定义为："治理是各种公共的或私人的个人和机构管理其共同事务的诸多方式的总和；它是使相互冲突的或不同的利益得以调和并且采取联合行动的持续的过程；这既包括有权迫使人们服从的正式制度和规则，也包括各种人们统一或以为符合其利益的非正式的制度安排。"[①] 从其用词中不难发现，"共同""联合""正式和非正式"等表述都明确给出了一个信息：即"治理"较之"统治"更强调协同，是一个允许多方共同参与，以促进公共利益增长为目的，用以协作解决并处理共同事务的过程。也就是说，"统治"与"治理"最大的区别就在于，治理更强调公共利益的最大化，"最终目标是实现善治"[②]。与此相对应，在治理的环境下，主流意识形态传播领域也就会更加偏重于以"沟通"的方式实现对等交流，进而实现社会政治稳定。

（2）从"宣传"到"沟通"，主流意识形态传播中介的角色变革。正如法国社会学家和哲学家厄尤说，宣传是一种由一个有组织之团体控制至传播，企图影响群众之心理，使群众积极或消极地参与行动，并在心理上与群众结合在一起[③]。传播中介的政治宣传行为也可以被看作是政治社会化过程，社会成员正是通过政治社会化来获得政治知识、政治意识以及政治价值。因此，宣传工作被官方认为"关系人心向背，关系事业兴衰、关系党的执政地位"[④]。自1921年中国共产党诞生以来，舆论宣传工作始终得到高度重视，

---

① 叶飞. 公共交往与公民教育 [M]. 北京：人民出版社，2014：157.
② 俞可平. 论国家治理现代化 [M]. 北京：社会科学文献出版社，2014：112.
③ 祝基滢. 政治传播学 [M]. 台北：三民书局，1983：31.
④ 中共中央文献研究室. 十六大以来重要文献选编（上）[M]. 北京：中央文献出版社，2005：535.

媒体也被称为"党和人民的喉舌"，具有高度的意识形态特征，在舆论引导和新闻宣传上具有重要作用，成为体现党的主张与反映人民心声的重要渠道。从政治传播的角度看，"宣传理论建立在社会控制的理论基础上"①，宣传始终具有灌输、控制的特质，政治意图明显且是一种信息的单向流动，往往忽视了传播受众的感受，缺乏沟通和交流机制。尤其是改革开放以来，政治宣传要应对社会主义市场经济条件下思想多元化、文化多样化，以及利益格局的调整所带来的冲击，单向灌输式的宣传方式难以让传播受众获得心理上的共鸣，升级舆论宣传水平势在必行。应当说，在交流活动日益频繁的今天，政治沟通能够较好地反映当下主流意识形态传播的具体形态。这是因为，政治沟通"赋予政治过程以结构和意义之信息和情报的流动""不只是精英对其民众发送信息，而且还包括全社会范围内以任何方式影响政治的整个非正式沟通过程"②。主流意识形态传播中介从"宣传"到"沟通"的角色变革也正反映了传播从单向到双向、从单极到多极的转变。对于政治沟通主体的政府来说，沟通方式意味着信息、符号、语言的双向流动，让政府能够有效地实施信息处理与控制，为科学的决策活动提供基本遵循，这也是提高政府执行力的关键所在；对于政治沟通的客体来说，沟通方式给予了社会成员更多认识和理解政府行为的通道，是争取公民参与权与表达权的重要实现形式。当然，政治沟通不仅仅限定于公共领域，事实上它发挥着个人领域与公共领域沟通桥梁的作用，它不仅让政治系统中各方的信息与交流活动持续展开，也为实现社会政治稳定提供了可靠的机制保障，对于培养社会成员的政治意识、促进政治文明的进步具有积极意义。

（3）从"群众"到"公民"，主流意识形态传播受众的角色变

---

① 祝基滢. 政治传播学 [M]. 台北：三民书局，1983：32.
② 戴维·米勒，韦农·波格丹诺. 布莱克维尔政治学百科全书 [M]. 邓正来，译. 北京：中国政法大学出版社，2002：592.

革。"群众"一词往往与"人民群众"或"人民大众"同时使用。在马克思、恩格斯那里,"人民群众"是一个历史范畴,在社会人口中占据绝大多数,性质上具体指向工人、农民以及其他从事物质资料生产的劳动阶级,具有创造历史并推动其发展的决定作用,是物质财富与精神财富的最终创造者。五四运动之后,中国共产党就承担起广泛传播马克思主义、发动工农运动的使命,广大党员随即投身到轰轰烈烈的革命活动中。可以说,无产阶级革命就是建立在广泛的群众运动基础之上的,号召群众参加革命运动,是中国革命的一大特征,即使在新中国成立以后,对群众进行思想政治教育、发动群众自觉投身社会主义建设也继续成为主要的工作方法。正如"人民群众"是一个历史范畴,"公民"概念的兴起与现代国家的建立不无关系。公民是摆脱自然状态进入文明社会、其权利受法律规定与保护的社会成员的称谓,是具有积极参与公共事务能力的政治行动者①。从其内涵上看,"公民"的概念与"权利""责任""参与""法治""自我意识""自我认同"等紧密相连,是一个具有丰富内涵的集合体,在一定程度上反映了作为社会成员的个体在身份认同、政治归属、社会角色等方面的自我确证,是人类进入文明社会之后的产物。主流意识形态传播的受众角色变革是在中国经济市场化、政治民主化、社会法治化的大环境中逐步推进的,随着公民权利意识的提高,其政治参与的热情不断升温,直接或间接参与公共事务的积极性与主动性充分显现,"扩大公民有序政治参与"被政府提上议事日程。具体来说,在市场经济条件下,单位传播被社会传播取代,主流意识形态传播的受众发生了根本性的转变:①计划性的接受向市场性的消费转变,信息具有了经济特征,主流意识形态传播进入市场化情境中;②公民的权力意识凸显,政治的自我意识由消极转向积极,主流意识形态传播面临受众诉求多样化的挑战;③公民的

---

① 俞可平. 政治学教程 [M]. 北京: 高等教育出版社, 2010: 125-126.

法治意识增强，重视维护自身合法权益，在争取自由平等与保障人权方面尤为突出，主流意识形态传播的激励约束机制不断弱化。主流意识形态传播的受众是整个传播过程的阶段性终点，受众细分化直接影响着传播效果的实现，如何把信息精确而有效地传递到受众那里是挑战也是机遇。如前所述，主流意识形态功能的发挥依赖于有效的传播方式和思路，单向灌输式的宣传已经落后于经济社会发展，社会思潮多元化的背景下各种矛盾和问题更加凸显的情况下，亟须回应时代变化。面对新媒体时代的到来，主流意识形态传播在面临"不确定多数"的情况下，如何应对新挑战，更好地创新意识形态工作，需要新思路、新方法、新路径。

（4）社会主义核心价值观传播：挑战与机遇。社会主义核心价值观是在社会主义核心价值体系基础上凝练出来的核心表达，而后者被认为是社会主义意识形态的本质体现。从党的十八大以来，社会主义核心价值观的宣传就在各个层面全面铺开，成为一项基础性工程而被落实。从具体内容的构成上看，既包含政治价值、理想目标，又包含伦理规范、社会准则，蕴含的价值要素关系紧密且相互呼应，呈现出宏观与微观、抽象与具体、一般与特殊相结合的显著特征，是一个内容丰富、层次鲜明的价值观念集合体。可以认为，政治价值体系的层次分为政治价值规范、政治价值理念、政治价值信念。其中，政治价值信念处于核心地位，政治价值规范处于最外围，中间的是政治价值理念[①]。作为社会主义核心价值体系的高度凝练和集中表达，社会主义核心价值观更加突出核心要素、更加注重凝练表达、更加强化实践导向[②]。由此可见，社会主义核心价值观从本质上应当居于政治信念这一层，但形式上可能更加呈现为政治价值理念甚至政治价值规范。事实上，这种表现形式让社会公众易于

---

① 张铭．政治价值体系建构：理论、历史与方法 [M]．北京：社会科学文献出版社，2012：48-52.

② 中共中央宣传部．习近平总书记系列重要讲话读本 [M]．北京：学习出版社，2014：93-94.

理解，同时需要注意核心价值观内在价值链条的完整性。一方面，从传播的角度看，社会主义核心价值观在实践上应当更具操作性。这是因为，以政治价值理念或政治价值规范的表现形式能够使传递的价值容易被大众接受，具有实际的操作意义。另一方面，处于政治价值体系外围的政治价值理念或政治价值规范更容易受到外界的冲击，一旦外围的两个层面无法应对其他价值观念的挑战，整个政治价值体系就会面临价值传递的困境，将会错过最佳的调整期。因此，实践化的表述是社会主义核心价值观传播的优势所在，这种优势的持续发挥关键在于要积极回应时代。从根本上说，主流意识形态传播的命运是由其本身所决定的，尤其是在时代变迁的大背景中，居于统摄地位的信仰与价值体系要主动适应社会转型，主流意识形态传播才能发挥其应有的功能。在新时期，社会主义核心价值观传播的作用领域应当更加偏向社会实践和日常生活，通过传播过程反馈和接收来自实践层面的信息，在这一基础上不断完善和补充自身的价值构成，才能让社会主义核心价值观内涵更加丰富、体系更加完备、表达更加成熟，以反映时代主题和潮流。

6.2.2 迈向自为：中国共产党对马克思主义意识形态传播的价值坚持

在党的十六届六中全会提出建设社会主义核心价值体系的重大任务后，党的十八大对中国特色社会主义道路、体系、制度的价值给予了更加凝练的表达，提出了"三个倡导"——倡导富强、民主、文明、和谐，倡导自由、平等、公正、法治，倡导爱国、敬业、诚信、友善，积极培育和弘扬社会主义核心价值观[①]。党的

---

① 胡锦涛. 坚定不移沿着中国特色社会主义道路前进 为全面建成小康社会而奋斗：在中国共产党第十八次全国代表大会上的报告 [M]. 北京：人民出版社，2012：31-32.

十九大提出，"要以培养担当民族复兴大任的时代新人为着力点，强化教育引导、实践养成、制度保障，发挥社会主义核心价值观对国民教育、精神文明创建、精神文化产品创作传播的引领作用，把社会主义核心价值观融入社会发展各方面，转化为人们的情感认同和行为习惯"①。

社会主义核心价值观是在社会主义核心价值体系基础上凝练出来的核心表达，而后者被认为是社会主义意识形态的本质体现。从中国社会价值观念发展的历史角度看，人们在改革开放前后所持有的价值观念有着明显的不同，进一步说，中国社会的"价值取向"发生了一次全局性的转向。在改革开放前，集体主义是社会所倡导的价值取向，与之相适应的集体利益高于个人利益原则、全民所有制的公有制形式、计划经济体制、高度集中的领导体系相继建立起来，个人被束缚在"单位""集体""国家"所形成的社会框架之中，在道德上强调对国家、社会、集体的奉献与牺牲，价值实现的形式突出地表现为集体本位。改革开放后，随着市场经济体制的建立，原先的那种纯粹的集体主义价值取向不再适应经济发展的要求，社会的价值取向逐渐开始关注集体中个体的全面发展，诸如个人发展、个人价值、个体意识等相继出现，社会价值观念出现了一定变化。应当说，社会价值观取向的转变也突出地体现于社会主义意识形态在价值观的表述上：社会主义核心价值观中的"自由""平等""公正""法治"就显示出社会层面以人为本的价值取向；而"和谐"取代"斗争"则反映出改革语境取代革命语境的时代潮流；"富强""爱国"虽然一直被倡导，但改革语境下的这两个词被注入了新的内涵，成为推动社会发展的基本要素；当然，转型时期的社会也面临着"道德滑坡""金钱至上""享乐主义""奢靡

---

① 中共中央党史和文献研究院. 习近平关于社会主义精神文明建设论述摘编 [M]. 北京：中央文献出版社，2022：122.

之风"等扭曲价值的浸透，因而"敬业""诚信""友善"等价值也一同被倡导。

可以说，这 24 个字是社会主义核心价值体系的内核，是更加实践化的表述，是社会主义意识形态传播上的反思与有益探索。2014 年 2 月，习近平总书记在中央政治局第十三次集体学习时指出，我们要从巩固全党全国各族人民团结奋斗的共同思想基础、巩固党的执政地位的战略高度，持续加强社会主义核心价值体系建设，把培育和弘扬社会主义核心价值观作为凝魂聚气、强基固本的基础工程，作为一项根本任务，切实抓紧抓好[①]。当前，社会主义核心价值观宣传教育活动已经有序展开。作为一项基础工程，培育和践行社会主义核心价值观必须通过制度建设给予保证。因此，必须从战略高度加强社会主义核心价值观建设，让社会主义核心价值观更加成熟、更能体现社会主义制度优越性。

1. 社会主义核心价值观传播的理论与实践基础

（1）社会主义核心价值体系是社会主义核心价值观的理论基础。2013 年 12 月 23 日，中共中央办公厅印发了《关于培育和践行社会主义核心价值观的意见》，其中就指出社会主义核心价值观是社会主义核心价值体系的高度凝练和集中表达，如何正确把握和理解社会主义核心价值观需要从社会主义核心价值体系中追根溯源。因此，社会主义核心价值观传播作为一项基础性工程就需要从社会主义发展史、马克思主义指导思想、中国特色社会主义实践、中华优秀传统文化中寻找理论根源，在创新的基础上进一步凝练社会主义核心价值观，继而为构建社会主义核心价值体系打下坚实基础。

从社会主义发展史上看，人们对社会主义的认识经历了从空想到科学、从理论到实践、从运动到制度的飞跃。尤其是空想社会主义者们的天才思想和宝贵努力都是社会主义核心价值观传播的思想

---

① 中共中央宣传部. 习近平总书记系列重要讲话读本 [M]. 北京：学习出版社，2014：94.

渊源。从马克思主义指导思想上看，实现人的自由而全面的发展是社会主义的根本特征，也是一种根本价值目标的追求。为此，社会主义核心价值观传播的根本目标也必须能从实践的角度反映社会主义最高的价值追求。从中国特色社会主义实践上看，走的是科学社会主义同中国具体实践相结合的道路。社会主义核心价值观传播既要能够充分反映出具有中国特色、民族特性、时代特征的社会主义，也要能反映出作为一般意义的社会主义所具有的价值观念。从中华优秀传统文化上看，培育和弘扬社会主义核心价值观必须从中华优秀传统文化中汲取营养，让其厚重的文化底蕴成为涵养社会主义核心价值观的重要源泉。同时，通过社会主义核心价值观传播把中国传统优秀文化和当代社会价值结合起来，提高我国文化软实力，增强在国际舆论中的话语权。

（2）中国社会主义革命、建设、改革是社会主义核心价值观传播的实践基础。社会主义核心价值观传播始终贯穿于中国共产党100多年的发展历程，在不同的历史时期形成了不同的社会主义核心价值观教育培育目标，这就需要我们从历史演进的逻辑中把握关于价值目标的传播问题，以更好地指导现阶段社会主义核心价值观传播的各项工作。从中国社会主义的历史进程和理论成果上看，社会主义核心价值观传播可以分为以下四个阶段：新民主主义革命时期、社会主义革命和建设时期、改革开放和社会主义现代化建设时期、中国特色社会主义新时代。

自五四运动以来，中国革命进入了新阶段，无产阶级表现出高度自觉的爱国主义精神，为中国共产党的成立奠定了思想和阶级的基础。可以说，新民主主义革命所走出的农村包围城市、武装夺取政权的道路始终贯穿着反对帝国主义、封建主义和官僚资本主义的民族精神和爱国精神。在新民主主义革命时期反映出的社会思想观念主要是反对帝国主义压迫，追求中华民族的独立和尊严，确立马克思列宁主义指导思想，最终走上社会主义道路。随着新中国的成立，中国革命开始由新民主主义革命转向社会主义革命。其中，从过渡阶段的总路线中可以看出，生产资料的社会主义所有制基础上的社会主义核心价值观传播是围绕着培养社会主义建设者和接班人为目的的，这一时期的意识形态工作也是围绕发扬社会主义民主和提高无产阶级觉悟而展开的。因此，在社会主义革命和建设时期的社会主义核心价值观传播，主要服务于为社会主义事业培养和造就一批拥护社会主义、为社会主义事业服务，并具有高度社会主义觉悟的劳动者和接班人。改革开放后，尤其是党的十三届四中全会以来，我们党加深了对社会主义精神文明和文化建设规律的认识，把以培育有理想、有道德、有文化、有纪律的公民（"四有"新人）作为工作任务。培育"四有"新人重点在于促进人的全面发展，同时把共产主义伟大理想和现阶段共同理想相结合，这是我们党在新阶段对建设社会主义社会的新认识。在当代中国，坚持中国特色社会主义就是坚持马克思主义。毫无疑问，社会主义核心价值体系和社会主义核心价值观的提出，就是要从战略的角度，为建设和发展中国特色社会主义提供一个基本价值遵循和共同的思想基础，为更好地实现中华民族伟大复兴的中国梦而凝聚共识、团结力量。

2. 社会主义核心价值观建设的实现路径

（1）社会主义核心价值观传播不仅要反映经济社会发展实践，还要从社会主义价值取向上指导实践。我国现在仍然处于并将长期处于社会主义初级阶段，这就决定了社会主义核心价值观传播既要能够反映社会主义市场经济的现实要求，又要能为之提供相适应的价值导向。首先，市场经济作为一种经济手段和基本经济规律调节和支配着整个市场的运作，这种资源配置方式适应于现代经济社会的发展，其中的竞争意识、效率原则、所有制确权等支撑着市场经济中各种要素的配置。如何能够正确、准确、客观地反映这些基本要求是社会主义核心价值观传播的任务导向。其次，社会主义市场经济作为一种激励型经济机制激发了人自身智力的潜能，这也是市场经济能够成为特定历史时期人类经济发展模式的重要决定因素。正如社会主义的本质体现为共同富裕一样，社会主义核心价值观传播在国家、社会、个人层间的价值构建也必须从整个社会赖以存在的经济基础中寻找答案。再次，市场经济的产生和发展终究绕不过资本主义的内在发展，但并不意味着市场经济的运行机制与社会主义价值目标相脱离。如果说市场经济的竞争机制能够最大限度地调动人们的积极性，那么对社会主义制度下的市场经济运作则是激励机制和保障机制的融合，即资本主义市场经济条件下所体现出的自发性和社会主义市场经济条件下所体现出的自觉性的差异。最后，马克思主义站在无产阶级解放和全人类解放的立场上，提出以消灭阶级剥削与压迫，实现人的自由全面发展为自己的前进方向，这也是中国共产党人为实现社会主义并最终走向共产主义的奋斗目标。为此，社会主义核心价值观传播既要反映现实社会的思想状况，也必须反映社会主义社会的价值理想。在一定意义上说，社会主义制度的优越性就在于从理想与现实中全面超越资本主义，把共产主义的理想转变为现实。

（2）社会主义核心价值观传播是建设中国特色社会主义的题中之义，必须作为一项系统工程抓紧、抓好。改革开放40多年来，在中国共产党的领导下，全国各族人民锐意进取、同心同德，开创了中国特色社会主义道路，形成了中国特色社会主义理论体系，真正地坚持了马克思主义。其中，经济建设、政治建设、文化建设、社会建设、生态文明建设共同构成了中国特色社会主义建设的五个方面，这是我们党在新的历史条件下形成的具有创造性的理论概括，而在价值层面，渗透于其中的正是社会主义核心价值体系和社会主义核心价值观。可以说，这种在最高层面上的价值，统摄并贯穿于中国特色社会主义建设的各个方面，为中国特色社会主义的发展和完善提供了思想的根基。一方面，社会主义核心价值观传播需要贯穿于社会生活的各个领域，既要反映社会主义价值导向，又要涵盖个人、社会、国家三个层面。理论上，社会主义核心价值观传播需要体现马克思主义的世界观和方法论，需要体现为人民服务的政治立场、需要体现实事求是的理论品质、需要体现共产主义的崇高理想。实践上，社会主义核心价值观传播需要从中国特色社会主义事业总体布局出发，把理论的视角放到实践的土壤上，让经济社会发展与个人全面发展相结合、让价值内化于心与外化于行相结合、让价值的外部传导性与价值的内在自觉性相结合、让价值的理论解释性与价值的实践认同性相结合、让价值的系统性与价值的开放性相结合。可以说，作为一项系统工程的社会主义核心价值观传播是一个科学理论严密、价值维度完备的价值系统呈现，是一个从主体、客体、中介多角度推进的过程。

（3）社会主义核心价值观传播要善于从实践中总结经验，以实践创新带动理论创新，从而更好地推动实践。从马克思主义哲学上考察，关于现实的形式和本质的研究方法能让我们知道社会结构的因果关系，从而发展出相应的解释性和预测性模型，但如何能够反映并确立主客体关系具有更为重要的意义。正如一项解释性的理论必须提供各种证伪和经验性假设一样，能够真正反映物质现实和社会关系的认识论立场也需要辨识和理解现实，并提供理解这一现实的社会建构理论。用马克思主义理论的立场、观点、方法去认识世界和改造世界就是要求我们必须坚持理论与实践相结合。社会主义核心价值观传播也需要从其形成与发展的条件与过程中把握规律，做到以正确的理论为指导，并在实践中坚持和发展真理。当然，认识的过程的反复性和无限性是客观存在的，而连接主观与客观、理论与实践的是能动的人，正是人民群众作为历史的创造者推动着社会历史的前进。从另一个角度看，理论与实践的探索过程就是作为主体的人坚持真理并不断实践的过程，就是通过认识人类社会历史发展规律，为理论和实践创新提供基础，并开辟新道路的过程。从这个意义上说，社会主义核心价值观传播与中国共产党在革命、建设、改革的各个历史时期对社会主义核心价值观的认识是并行的，即我们党对社会主义认识的深化过程与社会主义核心价值观传播过程是社会制度与价值体系在实践上的统一的过程，而贯穿其中的是我们党对马克思主义在当代中国革命与实践中的继承与创新。

3. 社会主义核心价值观传播的方法论原则

（1）坚持以马克思主义理论体系为指导。马克思主义的根本任务和历史使命就是要实现无产阶级和全人类的彻底解放，因此无产阶级在社会主义社会的主要任务就是要不断地解放和发展生产力、坚持改革开放不动摇、让集体财富的一切源泉充分涌流，为实现"按需分配"并最终实现"自由人的联合体"而不懈奋斗。因此，"人的自由全面发展"作为马克思主义的终极价值目标必然要反映在社会主义核心价值观建设中，两者之间的关系可以概括为一般和具体。作为"一般"的社会主义核心价值观传播的目的就是要促进人的自由全面发展，提高人本质的自然能力和社会能力，体现个人价值、社会价值、人类价值，而作为"具体"的社会主义核心价值观传播，既要反映社会主义社会所追求的崇高理想价值，又要体现社会主义在不同的历史阶段所展现的具体目标，这就需要从价值发展的层次上把握两者的关系。首先，社会主义核心价值传播必须以人为本。从社会主义核心价值观传播的终极价值目标上看，马克思对自由的批判回归到了它最为本质的载体与核心上，即人的身上。如果说人的依赖、物的依赖、自由个性是人与社会发展历史过程的三个阶段，那么实践活动就是促成人的改造、自然改造、社会改造的动态发展系统。其次，社会主义核心价值观传播是多层次的。党的十八大提出的"三个倡导"就是从国家、社会、公民三个层面明确表达了社会主义核心价值体系的内核，因而能够更好地对所阐述的内容进行层次区分，从而能够更好地回答建设什么样的国家、建设什么样的社会、培育什么样的公民等重大问题。最后，社会主义核心价值观传播是多维度的。中国特色社会主义建设是"五位一体"总布局，而社会主义核心价值观作为反映社会主义制度在价值层面的本质规定，必然会内嵌于社会主义经济、政治、文化、社会和生态文明建设之中。在实践上，社会主义核心价值观建设与时代同行、与历史同步；在理论上，社会主义核心价值观传播需要在具体中体现价值的深刻。

（2）在继承和改革中坚持推进方法论的创新。党的十八大后，在以习近平同志为核心的党中央的坚强领导下，中国特色社会主义事业进入了新的历史阶段，中国的综合国力和社会发展都取得了长足进步。同时，改革开放40多年的发展给予中国的不仅是经济的快速发展，还有思想、制度、利益格局的巨变，如何坚持实事求是思想路线、坚持真理与修正错误、正确对待前进道路上的各种风险与挑战，考验着我们党的执政水平和执政能力。我国社会主义正处于初级阶段，还有很多问题和难题没有得到解决，尤其是如何正确理解马克思主义对人类社会的价值追求，并在此基础上深化对社会主义精神文明建设的本质认识与理解。从社会主义核心价值观传播的方法特点上看，应坚持质性与量性研究相结合、技术与分析手段相结合、社会性与物质性相结合。从社会主义核心价值观建设的方法路径上看，应具有社会整合特性的一体化倾向、具有交互特性的媒介化倾向、具有规范特性的体系化倾向、具有需求特性的效用化倾向。从社会主义核心价值观传播的方法形式上看，需要以社会实践为载体，把建设活动有机融入每一个人的生活中去；需要以精神活动为载体，充分利用多种形式的文化活动来增强传播活动的吸引力和感召力；需要以大众传媒为载体，通过研究新形势下政治传播的新特点和新情况，深入分析建设活动的专业化和信息化发展，提高建设活动的实效性；需要以公共环境为载体，通过利用和改造社会历史进程中所形成的客观环境，达到对社会中人的再创造和提升。可以说，社会主义核心价值观传播需要把"知入手、信为本、行为实"的因果链条纳入整个价值体系建设过程中。具体来看，社会主义核心价值观作为一种主导意识形态，在其传播活动的初期会更多地以"宣传运动"的形式展现出来，各种社会资源也相应地聚拢在宣传机构周边，通过有目的、有步骤、有计划的大规模定向宣传，以期达成信息扩散、价值引导、社会整合等目标。但是，社会主义核心价值观在传播过程中所传递的话语、信息、符号并不会自动地由抽象意义过渡到具象意义，后者所蕴含的情感化特征是个人感官和知觉的天然"触媒"，个人体验也正是在这个层次被逐步塑造，并以经验的方式进入逻辑思维的网格中去。当各种社会思潮在思想市场竞相争夺领地时，最终影响目标群体接触动机和注意力的是直接给予感官体验的"客观化"意义，这也是在政治传播过程中必须考虑信息接受对象的社会文化情境，并以受众细分的方式有针对性地满足其个性化需求的缘由所在。新媒体时代，培育和践行社会主义核心价值观活动应当通过不同于以往的宣传模式，把注意力集中在主动寻找和精准定位受众上，并以创新工作的方式方法来增强其传播力和引导力，如主流报纸媒体开始试水全媒体信息生产，用新型传播形态传播社会主义核心价值观，这是值得肯定的。不过，主动拥抱新技术变革并不会必然改善实际的传播效果，两者之间没有明晰的逻辑关系，操作不当甚至可能加速原有的传播结构解体。当然，认识到新技术与受众之间的关联性对社会主义核心价值观的有效传播极为重要，然而"过于强调效果意味着其他围绕技术和生产这些技术的社会之间关系的核心问题被掩盖了，技术是在一定的意图和已知的社会需求指导下发展出来的，这些意向和社会行为出现时，技术是核心而非边缘的因素。①"换言之，传播领域的新技术转向不仅代表着一次简单的媒介技术变革，从更深层次来讲，它反映着社会转型过程中社会关系的再调整；在这种新生技术力量推动下的社会关系不再局限于特定的地理空间，一个更加自

---

① 利萨·泰勒，安德鲁·威利斯. 媒介研究：文本、机构与受众 [M]. 吴靖，黄佩，译. 北京：北京大学出版社，2005：171-172.

主、个人化、去中心、碎片式的社会关系网正在重构我们的生产生活方式；存在于有限时空范围内的个人与群体的经验世界面临着一次结构性瓦解，这对所有传播机构都是前所未有的挑战。因此，社会主义核心价值观建设在传播领域，不管是在时空范围内还是从所处的历史阶段看，都不能简单地定义为一种新技术语境下的传播活动，或者用"意识形态框架"替代"传播逻辑"而模糊传播的真正主体，反而要更加审慎地全面考察其传播过程的动态结构。一般来说，任何价值理念或思想体系的传播活动都会涉及传者与受众之间的互动关系，这就暗含着传播者与传播媒介、受众与传播媒介，以及传播内容与传播媒介之间的多重关系，在实践中，社会主义核心价值观传播依旧面临着多重关系的困扰。之所以会造成传播者与受众在信息沟通、意义表达、价值认知上的差异，主要由于两者在传播媒介使用偏好上的不匹配，加之传播内容与传播媒介的不相容也加重了双方之间的紧张关系。事实上，这也反映出两者更深层次的、在社会关系上的不对等。一方面，传播者在信息传递的过程中处于优势地位，信息流动的方向性也决定了传播者信息的主导地位，信息流近乎无阻地透过传播媒介进入受众的可接触层面；另一方面，受众处于信息流的末端，面对的可接触面由各种传播媒介所构成，真正能够传递到的信息是经受众的使用偏好"过滤"的内容，这些内容构成受众的实际接触面。如果将受众获取信息的可接触面与实际接触面进行剪刀差，其中的差额就是受众潜意识所抵触的信息。当然，无限制地扩大受众的实际接触面是不现实的也违背了传播的基本规律，但可以改善那些可传递而又由于传递耗损而没有到达受众的信息传递状况，这就需要对社会主义核心价值观传播过程中的各种要素进行重新匹配和再认识，需要注意到社会主义核心价值观传播结构与过程发生的新变化，并结合这一结构和过程提出具体的、可操作的传播策略。

（3）加强以完善全面支撑体系为重点的统筹协调能力建设。在新的历史条件下，人们在享受物质生活巨变的同时，思想领域也受到前所未有的冲击。尤其是市场经济所带来的思想多元化、价值多样化让整个社会生活充满判断和选择。随着我国全面深化改革逐步走向纵深，加强和改进党在意识形态领导工作中总揽全局、协调各方的能力至关重要。历史唯物主义告诉我们，经济环境、政治环境、文化环境、社会环境、生态环境是物质生产活动赖以存在的基础，是我们党意识形态工作得以展开的客观条件。因此，确保社会主义核心价值观建设顺利进行需要从以下方面着手。①以全面、联系、发展的观点把握全局，正确认识和妥善处理社会主义核心价值观建设中的各方关系，统筹协调各方力量。社会主义核心价值观建设实质上是思想建设，同经济建设、社会建设、生态文明建设等"有形"建设不同，是事关人心向背的"无形"工程，是更高层次的意识形态建设。居于社会经济基础上层的意识形态，是其基础的普遍反映，天然地是综合性思想系统的表达，需要统筹协调各方力量，共同发力、共同联动，否则只能陷入"独角戏"。②以维护社会公平正义、诚实守信为重点，完善社会主义核心价值观在市场经济道德中的基础性作用，培育和践行正确的道德判断和道德责任。市场经济中复杂的利益纠葛，难免会影响到人们对日常事务的识别，尤其是社会经济之网束缚住人们身体的同时，也黏合了人们的思想世界，产生了在经济迷雾中"雾里看花"般的道德困境，具有超越狭隘现实关系的价值观念便具有了某种正当性，它能够使人们摆脱短期的眼界，获得更为长久的发展。③充分发挥社会主义民主政治的优势，让人民民主成为社会主义核心价值观建设的重要推动力量。人民民主最大的优势在于人民主体性地位的彰显以及由此形成的巨大作用力，这是思想建设可以动员的最为有效的资源，也是社会主义核心价值观建设的动力所在。④积极发展和繁荣中国特色社会主义哲学社会科学，提高全社会精神生活和文化生活质量，让社会主义核心价值观建设在良好的文化环境中孕育和发展。与其说文化是人化的结果，不如说文化是人们思想再生产的土壤。新时代发展中国特色社会主义文化，让文化滋养和浸润行动者的内心，是社会主义价值观念内化于心、外化于行的基本前提。⑤把不断改善民生和创新社会治理摆在更加突出的位置，让社会主义现代化进程与社会主义核心价值观建设同步发展。现实和理想总是难解难分，对于思想观念来说，它既能够反映现实，也能够超越现实，更能够引领社会发展大势。不断改善民生和创新社会治理的脚步不仅不能放慢，还应该朝着社会主义核心价值观所期许的那样，加快步伐、同向同行。⑥高度重视生态文明建设，让良好的生态环境这个最公平的公共产品惠及全体人民，彰显社会主义核心价值观的引领作用。生态文明建设是中国特色社会主义建设的题中之义，也是社会主义价值优越性的内在体现，其建设需要能够反映社会主义价值的本质规定，使社会主义核心价值观成为生态文明建设的逻辑内涵。

第7章
结　论

　　作为思想上层建筑的主导意识形态，其实面临着诸多现实问题和困境，比如在多元价值冲击下，引领社会思潮和风尚的能力逐渐被弱化；在互联网工具使用日益频繁的条件下，具有宏大叙事特征的意识形态褪去了神秘感。事实上，很多人也认识到了这个问题，对以往的做法进行了一定程度的反思，开始认真对待意识形态传播的规律性和方法性问题，但也只是策略上的调整和更新，并没有很好地从理论上思考意识形态传播在互联网时代所面临的新挑战和根本问题。尤其是意识形态问题事关执政党权力合法性问题，事关国家安全问题，我们更有理由相信，对意识形态传播问题的理论思考具有重要的意义和价值。

　　在唯物史观中，意识形态是作为一种"统治阶级思想"或者"占统治地位的思想"出现的，是在特定历史时期经济基础之上的制度化了的思想体系，是整个社会结构的组成部分，是社会存在的构成部分，当然它属于文化层面的核心。但我们也知道，社会开始进入媒介时代是工业革命之后的事情。按照吉登斯的理解，行动者在受到结构本身约束的同时，还在行动中不断地再生产着结构，行动和结构所构成的"二重性"既是社会实践的媒介，又是社会实践的结果，它们在社会系统中相互依赖对方，并在日常生活中循环往复。他的意思是：意识形态是社会生产和再生产反复循环后的实践产物，这似乎在暗示，意识形态需要某种规范性的必要形式和情境配置。这与汤普森对意识形态的理解有某些相似之处，即意识形态只有在传播中才能转化为具体的信息、话语和符号，只有在传播中才能发挥引领、说服、塑造和动员等功能，否则只能是理论的空中楼阁，无法发挥其应有功能。因此，当我们面对意识形态的时候，它的应然和实然状态都是以传播方式呈现的，这对进一步从理论上认识现代社会中的各种意识形态大有裨益。

那我们就要问，传播中的意识形态是一个什么样子？好在唯物史观就给我们研究意识形态传播提供了科学的方法论视角。传播中的意识形态有其独特的结构，即由作为转换技术的媒介、作为转换资源的资本、作为转换能力的权力共同组成的具有内在关联的结构。之所以用"转换"，主要特指意识形态传播在现实中的存在状态。也就是说，意识形态就是传播中的意识形态，意识形态结构就是意识形态传播结构，传播的状态赋予意识形态以多姿的样态，传播过程即是想象关系转化为意识形态的过程。权力的参与主导了传播的方向和目的，资本的介入控制了传播过程的各个方面，技术在意识形态传播中的影响力逐渐显现，它不仅削弱了社会权力的基础，还穿透了社会结构的框架，直接作用于意识形态传播过程，重塑了传播的空间。三者共同构成了意识形态传播结构的制约性因素，并在具体的传播活动中展现出不同的样态，意识形态传播要素之间的影响和制约，是深层动态关系的展现，这又涉及其传播功能的发挥。

参考文献

[1]中共中央马克思恩格斯列宁斯大林著作编译局. 马克思恩格斯文集 [M]. 北京：
人民出版社，2009.

[2]中共中央马克思恩格斯列宁斯大林著作编译局. 马克思恩格斯选集 [M]. 北京：
人民出版社，2012.

[3]中共中央马克思恩格斯列宁斯大林著作编译局. 列宁专题文集 [M]. 北京：人
民出版社，2009.

[4]中共中央马克思恩格斯列宁斯大林著作编译局. 列宁选集 [M]. 北京：人民出
版社，2012.

[5]习近平. 习近平谈治国理政：第一卷 [M]. 北京：外文出版社，2014.

[6]康士坦丁诺夫. 历史唯物主义 [M]. 刘丕坤，等译. 北京：人民出版社，1955.

[7]肖前，李秀林，汪永祥. 历史唯物主义原理 [M]. 北京：人民出版社，1991.

[8]肖前，李秀林，汪永祥. 辩证唯物主义原理 [M]. 北京：人民出版社，1991.

[9]庄福龄. 简明马克思主义史 [M]. 北京：人民出版社，2004.

[10]赵耀，王伟光，鲁从明，等. 马克思列宁主义基本问题 [M]. 北京：中共中
央党校出版社，2001.

[11]俞吾金. 被遮蔽的马克思 [M]. 北京：人民出版社，2012.

[12]望月清司. 马克思历史理论的研究 [M]. 韩立新，译. 北京：北京师范大学
出版社，2009.

[13]路易·阿尔都塞. 保卫马克思 [M]. 顾良，译. 北京：商务印书馆，2010.

[14]克里斯蒂安·福克斯，文森特·莫斯可. 马克思归来 [M]. "传播驿站"工作
坊，译. 上海：华东师范大学出版社，2017.

[15]乔纳森·斯珀伯. 卡尔·马克思：一个 19 世纪的人 [M]. 邓峰，译. 北京：
中信出版社，2014.

[16]亨利·列斐伏尔.马克思的社会学[M].谢永康,毛林林,译.北京:北京师范大学出版社,2013.

[17]王晓升,等.西方马克思主义意识形态理论[M].北京:社会科学文献出版社,2009.

[18]俞吾金.意识形态论[M].修订版.北京:人民出版社,2009.

[19]侯惠勤.马克思的意识形态批判与当代中国[M].北京:中国社会科学出版社,2010.

[20]胡大平.西方马克思主义哲学概论[M].北京:北京师范大学出版社,2010.

[21]李萍.马克思意识形态论[M].北京:中国社会科学出版社,2013.

[22]刘友女.结构视域下中国主导意识形态研究[M].上海:复旦大学出版社,2015.

[23]瞿铁鹏.马克思主义社会理论[M].上海:上海人民出版社,2014.

[24]张骥,等.马克思主义意识形态引领多样化社会思潮若干问题研究[M].北京:人民出版社,2013.

[25]童世骏.意识形态新论[M].上海:上海人民出版社,2006.

[26]侯惠勤,等.马克思主义意识形态论[M].南京:南京大学出版社,2011.

[27]杨河,等.当代中国意识形态研究[M].北京:北京大学出版社,2015.

[28]侯惠勤,等.国外马克思主义意识形态研究著作评析[M].北京:中国社会科学出版社,2015.

[29]郑珠仙,等.国家意识形态安全与大学生社会主义核心价值观教育研究[M].北京:人民出版社,2014.

[30]李向国,李晓红.主流意识形态建设新论:中国特色社会主义理论体系指导地位研究[M].北京:人民出版社,2013.

[31]李明.后马克思主义意识形态理论研究[M].北京:人民出版社,2011.

[32]孟庆顺.全球化时代世界意识形态流派述评[M].北京:人民出版社,2010.

[33]谢江平.意识形态与意识形态批判[M].北京:中国社会科学出版社,2013.

[34]刘少杰.当代中国意识形态变迁[M].北京:中央编译出版社,2012.

[35]陈先达.坚持马克思主义在意识形态领域指导地位研究[M].北京:经济科学出版社,2015.

[36]艾四林,王明初.社会主义主流意识形态与当今中国社会思潮[M].北京:

人民出版社，2014.

[37]罗国杰．罗国杰文集：思想道德建设论稿[M]．北京：中国人民大学出版社，
2016.

[38]乔治·拉雷恩．马克思主义与意识形态：马克思主义意识形态论研究[M]．
张秀琴，译．北京：北京师范大学出版社，2013.

[39]约翰·B.汤普森．意识形态理论研究[M]．郭世平，等译．北京：社会科学
文献出版社，2013.

[40]约翰·B.汤普森．意识形态与现代文化[M]．高铦，等译．南京：译林出版社，
2012.

[41]斯拉沃热·齐泽克，泰奥德·阿多尔诺，等．图绘意识形态[M]．方杰，译．南
京：南京大学出版社，2002.

[42]斯拉沃热·齐泽克．意识形态的崇高客体[M]．季广茂，译．北京：中央编
译出版社，2014.

[43]赫伯特·马尔库塞．单向度的人：发达工业社会意识形态研究[M]．刘继，
译．上海：上海译文出版社，2014.

[44]卡尔·曼海姆．意识形态与乌托邦[M]．姚仁权，译．北京：中国社会科学
出版社，2009.

[45]沈大伟．中国共产党：收缩与调适[M]．吕增奎，王新颖，译．北京：中央
编译出版社，2012.

[46]阿尔都塞．哲学与政治：阿尔都塞读本[M]．陈越，编译．长春：吉林人民
出版社，2003.

[47]卢卡奇．历史与阶级意识[M]．杜章智，任立，燕宏远，译．北京：商务印
书馆，1999.

[48]安东尼奥·葛兰西．狱中札记[M]．曹雷雨，姜丽，张跣，译．开封：河南
大学出版社，2016.

[49]戴维·伊斯顿．政治结构分析[M]．王浦劬，等译．北京：北京大学出版社，
2016.

[50]荆学民．政治传播活动论[M]．北京：中国社会科学出版社，2014.

[51]张昆．政治传播与历史思维[M]．武汉：华中科技大学出版社，2010.

[52]W.兰斯·本奈特，罗伯特·M.恩特曼．媒介化政治：政治传播新论[M]．董

关鹏，译．北京：清华大学出版社，2011．

[53]布赖恩•麦克奈尔．政治传播学引论［M］．2版．殷祺，译．北京：新华出版社，
2005．

[54]戴维•伊斯顿．政治生活的系统分析［M］．王浦劬，译．北京：人民出版社，
2012．

[55]哈罗德•D．拉斯韦尔，亚伯拉罕•卡普兰．权力与社会：一项政治研究的框
架［M］．王菲易，译．上海：上海人民出版社，2012．

[56]景跃进，陈明明，肖滨．当代中国政府与政治［M］．北京：中国人民大学出
版社，2016．

[57]彭芸．政治传播：理论与实务［M］．台北：巨流图书公司，1986．

[58]李元书．政治体系中的信息沟通：政治传播学的分析视角［M］．郑州：河南
人民出版社，2005．

[59]邵培仁．政治传播学［M］．南京：江苏人民出版社，1990．

[60]彭怀恩．政治传播：理论与实践［M］．台北：风云论坛有限公司，2007．

[61]祝基滢．政治传播学［M］．台北：三民书局，1983．

[62]哈罗德•拉斯韦尔．社会传播的结构与功能［M］．何道宽，译．北京：中国
传媒大学出版社，2013．

[63]安东尼•吉登斯．社会理论的核心问题：社会分析中的行动、结构和矛
盾［M］．郭忠华，徐法寅，译．上海：上海译文出版社，2015．

[64]罗伯特•K．默顿．社会理论和社会结构［M］．唐少杰，齐心，等译．南京：
译林出版社，2015．

[65]文森特•莫斯可．传播政治经济学［M］．胡春阳，黄红宇，姚建华，译．上海：
上海译文出版社，2013．

[66]让•鲍德里亚．符号政治经济学批判［M］．夏莹，译．南京：南京大学出版社，
2015．

[67]尼克•史蒂文森．认识媒介文化［M］．王文斌，译．北京：商务印书馆，
2013．

[68]杰夫•刘易斯．文化研究基础理论［M］．郭镇之，任丛，秦洁，等译．北京：
清华大学出版社，2013．

[69]威尔伯•施拉姆，威廉•波特．传播学概论［M］．2版．何道宽，译．北京：

中国人民大学出版社，2010.

[70]石义彬.批判视野下的西方传播思想[M].北京：商务印书馆，2014.

[71]丹尼斯·麦奎尔.麦奎尔大众传播理论[M].崔保国，李琨，译.北京：清华大学出版社，2010.

[72]E·M·罗杰斯.传播学史：一种记传式的方法[M].殷晓蓉，译.上海：上海译文出版社，2012.

[73]李彬.传播符号论[M].北京：清华大学出版社，2012.

[74]李彬.大众传播学[M].修订版.北京：清华大学出版社，2009.

[75]张国良.传播学原理[M].上海：复旦大学出版社，2009.

[76]沃尔特·李普曼.公众舆论[M].阎克文，江红，译.上海：上海人民出版社，2006.

[77]段京肃.大众传播学：媒介与人和社会的关系[M].北京：北京大学出版社，2011.

[78]胡翼青.西方传播学术史手册[M].北京：北京大学出版社，2015.

[79]詹姆斯·罗尔.媒介、传播、文化：一个全球性的途径[M].董洪川，译.北京：商务印书馆，2012.

[80]阿芒·马特拉.全球传播的起源[M].朱振明，译.北京：清华大学出版社，2015.

[81]哈罗德·伊尼斯.传播的偏向[M].何道宽，译.北京：中国人民大学出版社，2003.

[82]哈罗德·伊尼斯.帝国与传播[M].何道宽，译.北京：中国传媒大学出版社，2015.

[83]彼得·R.芒戈，诺什·S.康特拉克特.传播网络理论[M].陈禹，刘颖，等译.北京：中国人民大学出版社，2009.

[84]丹尼斯·麦奎尔.受众分析[M].刘燕南，李颖，杨振荣，译.北京：中国人民大学出版社，2006.

[85]利萨·泰勒，安德鲁·威利斯.媒介研究：文本、机构与受众[M].吴靖，黄佩，译.北京：北京大学出版社，2005.

[86]凯瑟琳·米勒.传播学理论：视角、过程与语境[M].2版.北京：北京大学出版社，2007.

[87]加布里埃尔·塔尔德，特里·N.克拉克.传播与社会影响[M].何道宽，译.北京：中国人民大学出版社，2005.

[88]马丁·李斯特，乔恩·多维，赛斯·吉丁斯，等.新媒体批判导论[M].2版.吴炜华，付晓光，译.上海：复旦大学出版社，2016.

[89]刘海龙.大众传播理论：范式与流派[M].北京：中国人民大学出版社，2008.

[90]王晓升."意识形态"概念辨析[J].哲学动态，2010（3）：5-12.

[91]陈文旭.阿多诺"文化工业"批判理论及其启示[J].北京交通大学学报（社会科学版），2014（1）：87-92.

[92]吴学琴.大众传播话语的意识形态性分析[J].安徽大学学报（哲学社会科学版），2014（6）：16-21.

[93]李明.大众传播社会意识形态运作的五种模式[J].新闻记者，2013（10）：77-82.

[94]佘双好.当代社会思潮的内涵、特征及其研究意义[J].学校党建与思想教育，2011（19）：7-11.

[95]汪行福.意识形态辩证法的后阿尔都塞重构[J].哲学研究，2015（5）：12-19.

[96]冯周卓.以马克思主义意识形态建设推进社会主义核心价值观认同[J].道德与文明，2009（6）：94-97.

[97]仰海峰.霍克海默与批判理论的早期规划[J].浙江社会科学，2009（4）：72-78.

[98]荆学民，刘胜君.政治传播研究中的几个核心命题辨正[J].现代传播，2013（7）：14-18.

[99]荆学民，施惠玲.政治与传播的视界融合：政治传播研究五个基本理论问题辨析[J].现代传播，2009（4）：18-22.

[100]张一兵.认识论断裂：意识形态与科学[J].天津社会科学，2002（1）：4-12.

[101]仰海峰.葛兰西的意识形态理论及其当代效应[J].马克思主义与现实，2006（2）：46-53.

[102]施惠玲.政治传播中的政治话语与意识形态[J].青海社会科学，2014（1）：8-11.

[103]张秀琴.论意识形态的功能[J].教学与研究,2004(5):25-30.

[104]陈锡喜.论意识形态的本质、功能、总体性及领域[J].上海交通大学学报（哲学社会科学版),2014(1):5-11.

[105]杨生平.约翰·汤普森意识形态理论评析[J].学习与探索,2015(1):22-27.

[106]朱杨芳,黄伟力.论马克思的意识形态批判理论的三大转向[J].马克思主义与现实,2015(1):22-27.

[107]杨生平.作为文化体系的意识形态：格尔茨的文化意识形态探析[J].哲学动态,2014(4):40-44.

[108]胡翼青.超越功能主义意识形态：再论传播社会功能研究[J].现代传播,2012(7):8-12.

[109]程同顺,张文君.互联网技术的政治属性与意识形态传播：对互联网与意识形态研究的批判与反思[J].江苏行政学院学报,2013(6):68-73.

[110]李君如.改革开放三十年中国意识形态建设的历程与媒体的作用[J].上海行政学院学报,2008(6):4-10.

[111]萧功秦.改革开放以来意识形态创新的历史考察[J].天津社会科学,2006(4):45-49.

[112]何怀远.意识形态的内在结构浅析[J].江苏行政学院学报,2001(2):13-17.

[113]陈力丹.试看传播媒介如何影响社会结构：从古登堡到"第五媒体"[J].国际新闻界,2004(6):33-35.

[114]隋岩,姜楠.能指的丰富性助力意识形态传播[J].新闻与传播研究,2014(8):93-98.

[115]陈明明.从超越性革命到调适性发展：主流意识形态的演变[J].天津社会科学,2011(6):62-72,141.

[116]陆俊.交往中的共识：对主流意识形态的思考[J].北京科技大学学报（社会科学版),2011(1):124-127.

[117]陆俊,殷玉洁.论主流意识形态构建问题：以事实与价值关系为视角[J].湖南社会科学,2014(2):58-61.

[118]刘小燕,丁学梅.政府形象传播的类型及方法[J].国际新闻界,2005(4):

56-61.

[119]高晚欣，范禀辉．作为话语的意识形态：一种三维的意识形态观［J］．黑龙江社会科学，2015（3）：9-13.

[120]王贤卿．国外意识形态传播新路径探析：基于后现代编码／解码理论的视角［J］．毛泽东邓小平理论研究，2014（9）：73-77，92.

[121]李俊，项继权．政治沟通：价值、模式及其效度［J］．求实，2008（9）：64-67.

[122]张骥，张爱丽．论社会主义核心价值体系与我国意识形态安全［J］．社会主义研究，2007（6）：53-56.

[123]孔繁斌．政治动员的行动逻辑：一个概念模型及其应用［J］．江苏行政学院学报，2006（5）：79-84.

[124]程曼丽．国家形象危机中的传播策略分析［J］．国际新闻界，2006（3）：5-10.

[125]周庆安，钱晶晶，叶斯琦．主流电视媒体对外传播的新媒体策略［J］．对外传播，2013（6）：46-48.

[126]姚君喜．中国当代社会的传播结构分析［J］．上海交通大学学报（哲学社会科学版），2007，15（5）：73-80.

[127]姚君喜．传播结构与社会话语生产［J］．当代传播，2009（6）：7-10.

[128]李红专．当代西方社会理论的实践论转向：吉登斯结构化理论的深度审视［J］．哲学动态，2004（11）：7-13.

[129]侯惠勤．意识形态话语权初探［J］．马克思主义研究，2014（12）：5-12.

[130]陈秉公．马克思主义意识形态理论与社会主义核心价值体系建构［J］．马克思主义研究，2008（3）：19-24.

[131]袁毅．微博客信息传播结构、路径及其影响因素分析［J］．图书情报工作，2011（12）：26-30.

[132]陈晓彦．微博对传统媒体的影响：从传播结构、受众到操作系统［J］．新闻界，2013（8）：48-54.

[133]荆学民，苏颖．中国政治传播研究的学术路径与现实维度［J］．中国社会科学，2014（2）：79-95.

[134]王立新．意识形态与美国对华政策：以艾奇逊和"承认问题"为中心的再研

究［J］．中国社会科学，2005（3）：177-191．

[135]邢贲思．意识形态论［J］．中国社会科学，1992（1）：63-78．

[136]胡潇．马克思恩格斯关于意识形态的多视角解释［J］．中国社会科学，2010（4）：4-20．

[137]许苏民．论社会心理是社会存在与社会意识形态之间的中介［J］．中国社会科学，1983（6）：127-144．

[138]蔡曙山．论技术行为、科学理性与人文精神：哈贝马斯的意识形态理论批判［J］．中国社会科学，2002（2）：77-86．

[139]潘祥辉．去科层化：互联网在中国政治传播中的功能再考察［J］．浙江社会科学，2011（1）：36-43．

[140]许静．浅论政治传播中的符号化过程［J］．国际政治研究，2004（1）：123-130．

[141]荆学民，李彦冰．政治传播视野：国家形象塑造与传播中的国家理念析论：以政治国家与市民社会的良性互动为理论基点［J］．现代传播，2010（11）：15-20．

[142]邵培仁，张梦晗．全媒体时代政治传播的现实特征与基本转向［J］．探索与争鸣，2015（2）：57-60．

[143]史安斌，王曦．从"现实政治"到"观念政治"：论国家战略传播的道义感召力［J］．学术前沿，2014（24）：16-25．

[144]赵月枝，吴畅畅．网络时代社会主义文化领导权的重建：国家、知识分子与工人阶级政治传播［J］．开放时代，2016（1）：119-140．

[145]戴维·E.阿普特．现代化的政治［M］．陈尧，译．上海：上海世纪出版社，2011：234-256．

[146]雒新艳．深刻把握新中国60年意识形态建设的基本规律：第三届马克思主义与当代中国论坛综述［J］．马克思主义研究，2010（1）：154-157．

[147]陈东生．马克思主义意识形态理论与当代中国意识形态建设研究［J］．中共中央党校学报，2011，15（4）：15-21．

[148]徐成芳，罗家锋．试论当前中国意识形态安全面临的主要问题［J］．政治学研究，2012（6）：19-29．

[149]田改伟．试论我国意识形态安全［J］．政治学研究，2005（1）：28-39．

[150]黄旭东.意识形态建设与国家安全维护[J].湖北社会科学，2009（7）：16-18.

[151]茅晓嵩.改革开放30年来我国意识形态的转型及其发展[J].重庆社会科学，2008（8）：12-17.

[152]魏晓文，邵芳强.论网络背景下的高校意识形态安全建设[J].思想教育研究，2014（6）：29-33.

[153]郭庆光.传播学教程[M].北京：中国人民大学出版社，2010.

[154]梅俊.图绘新闻传播结构面像：从结构功能主义到结构化理论[J].新闻界，2015（11）：14-19.

[155]安东尼·吉登斯.社会的构成[M].李康，李猛，译.北京：生活·读书·新知三联出版社，1998.

[156]郝敬之.整体马克思[M].北京：人民出版社，2012.

[157]大卫·麦克里兰.意识形态[M].孔兆政，蒋龙翔，译.长春：吉林人民出版社，2005.

[158]安德鲁·文森特.现代政治意识形态[M].袁久红，等译.南京：江苏人民出版社，2008.

[159]特里·伊格尔顿.马克思主义与文学批评[M].北京：人民文学出版社，1980.

[160]马丁·杰伊.法兰克福学派史[M].单世联，译.广州：广东人民出版社，1996.

[161]马克斯·霍克海默，西奥多·阿多诺.启蒙辩证法：哲学片段[M].渠敬东，曹卫东，译.上海：上海人民出版社，2020.

[162]哈贝马斯.作为"意识形态"的技术与科学[M].李黎，郭官义，译.上海：学林出版社，1999.

[163]斯图亚特·霍尔.文化研究：两种范式[J].孟登迎，译.文化研究，2013（2）：303-325.

[164]彭文祥.媒介传播的"真实性"与意识形态理论[J].武汉理工大学学报（社会科学版），2005（3）：398-404.

[165]塔尔科特·帕森斯.社会行动的结构[M].张明德，夏翼南，彭刚，译.南京：译林出版社，2003.

[166]安东尼·吉登斯,菲利普·萨顿.社会学[M].7版.赵旭东,等译.北京:北京人学出版社,2015:85.

[167]李建会.还原论、突现论与世界的统一性[J].科学技术与辩证法,1995(5):5-8.

[168]丹尼斯·麦奎尔,斯文·温德尔.大众传播模式论[M].2版.祝建华,译.上海:上海译文出版社,2008.

[169]布尔迪厄.文化资本与社会炼金术:布尔迪厄访谈录[M].包亚明,译.上海:上海人民出版社,2017.

[170]皮埃尔·布迪厄,华康德.实践与反思:反思社会学导引[M].李猛,李康,译.北京:中央编译出版社,2018.

[171]埃里克·麦格雷.传播理论史:一种社会学的视角[M].刘芳,译.北京:中国传媒大学出版社,2009.

[172]史蒂文·卢克斯.权利:一种激进的观点[M].彭斌,译.南京:江苏人民出版社,2012.

[173]托伊恩·A.梵·迪克.作为话语的新闻[M].曾庆香,译.北京:华夏出版社,2003.

[174]赵敦华.西方哲学简史[M].北京:北京大学出版社,2012.

[175]查尔斯·斯特林.大众传媒革命[M].王家全,崔元磊,张祎,译.北京:中国人民大学出版社,2014.

[176]詹姆斯·凯瑞.作为文化的传播:"媒介与社会"论文集[M].丁未,译.北京:中国人民大学出版社,2019.

[177]丹·席勒.数字资本主义[M].杨立平,译.南昌:江西人民出版社,2001.

[178]斯坦利·巴兰,丹尼斯·戴维斯.大众传播理论:基础、争鸣与未来[M].5版.曹书乐,译.北京:清华大学出版社,2014.

[179]雷蒙德·威廉斯.文化与社会[M].吴松江,张文定,译.北京:北京大学出版社,1991.

[180]阿瑟·伯格.媒介分析技巧[M].3版.李德刚,何玉,董洁,等译.北京:清华大学出版社,2011.

[181]丹·席勒.传播理论史:回归劳动[M].冯建三,罗世宏,译.北京:北京

大学出版社，2012.

[182]帕森斯，默顿，等．现代社会学结构功能论选编［M］．黄瑞祺，编译．台北：巨流图书公司，1981.

[183]弗雷德里克·S.西伯特，西奥多·彼得森，威尔伯·施拉姆．传媒的四种理论［M］．戴鑫，译．北京：中国人民大学出版社，2008.

[184]张秀琴．英语世界对马克思意识形态理论的解读方式［J］．中国社会科学，2012（6）：24-45，205-206.

[185]吴潜涛，徐艳国．建党90年来高校德育发展的历史轨迹［M］．北京：高等教育出版社，2012.

[186]叶飞．公共交往与公民教育［M］．北京：人民出版社，2014.

[187]俞可平．论国家治理现代化［M］．北京：社会科学文献出版社，2014.

[188]中共中央文献研究室．十六大以来重要文献选编（上）［M］．北京：中央文献出版社，2005.

[189]戴维·米勒，韦农·波格丹诺．布莱克维尔政治学百科全书［M］．邓正来，译．北京：中国政法大学出版社，2002.

[190]俞可平．政治学教程［M］．北京：高等教育出版社，2010.

[191]张铭．政治价值体系建构：理论、历史与方法［M］．北京：社会科学文献出版社，2012.

[192]中共中央宣传部．习近平总书记系列重要讲话读本［M］．北京：学习出版社，2014.

[193]中共中央党史和文献研究院．习近平关于社会主义精神文明建设论述摘编［M］．北京：中央文献出版社，2022.

[194]胡锦涛．坚定不移沿着中国特色社会主义道路前进　为全面建成小康社会而奋斗：在中国共产党第十八次全国代表大会上的报告［M］．北京：人民出版社，2012.

后记

　　本书是在我的博士论文《唯物史观视野下的意识形态传播结构研究》的基础上修改完成的。感谢我的导师施惠玲教授的悉心指导和帮助，导师的支持和鼓励一直是我学术道路上最为宝贵的动力。本书的完成还有赖于许多前辈、师长、同人和朋友的帮助，在此一并表示感谢。

作者

2023 年 12 月